책

당신은 지금 책을 잘못 읽고 있습니다

제대로 읽는 법

정석헌 지음

글
비행학교
시리즈

수학 공식 같은 글쓰기, 책 읽기 요령에서 벗어나 진솔하게 글을 읽고 쓰는 삶의 실천 가이드입니다. 나아가 우리 사회에 건강하고 개성 있는 콘텐츠가 계속 쌓일 것을 기대합니다. 읽을(read) 수 있다면 쓸(write) 수 있다면 살(live) 수 있습니다.

책 제대로 읽는 법

당신은 지금 책을 잘못 읽고 있습니다

초판 1쇄 발행 2023년 7월 15일
2쇄 발행 2023년 10월 31일

지은이. 정석헌
펴낸이. 김태영

씽크스마트 책 짓는 집
경기도 고양시 덕양구 청초로 66
덕은리버워크 지식산업센터 B동 1403호
전화. 02-323-5609

홈페이지. www.tsbook.co.kr
블로그. blog.naver.com/ts0651
페이스북. @official.thinksmart
인스타그램. @thinksmart.official
이메일. thinksmart@kakao.com

ISBN 978-89-6529-368-2 (13320)
© 2023 정석헌

•씽크스마트 - 더 큰 생각으로 통하는 길
'더 큰 생각으로 통하는 길' 위에서 삶의 지혜를 모아 '인문교양, 자기계발, 자녀교육, 어린이 교양·학습, 정치사회, 취미생활' 등 다양한 분야의 도서를 출간합니다. 바람직한 교육관을 세우고 나다움의 힘을 기르며, 세상에서 소외된 부분을 바라봅니다. 첫 원고부터 책의 완성까지 늘 시대를 읽는 기획으로 책을 만들어, 넓고 깊은 생각으로 세상을 살아갈 수 있는 힘을 드리고자 합니다.

•도서출판 사이다 - 사람과 사람을 이어주는 다리
사이다는 '사람과 사람을 이어주는 다리'의 줄임말로, 서로가 서로의 삶을 채워주고, 세워주는 세상을 만드는 데 기여하고자 하는 씽크스마트의 임프린트입니다.

•천개의마을학교 - 대안적 삶과 교육을 지향하는 마을학교
당신은 지금 무엇을 배우고 싶나요? 살면서 나누고 배우고 익히는 취향과 경험을 팝니다. 〈천개의마을학교〉에서는 누구에게나 학습과 출판의 기회가 있습니다. 배운 것을 나누며 만들어진 결과물을 책으로 엮어 세상에 내놓습니다.

자신만의 생각이나 이야기를 펼치고 싶은 당신.
책으로 사람들에게 전하고 싶은 아이디어나 원고를 메일(thinksmart@kakao.com)로 보내주세요.
씽크스마트는 당신의 소중한 원고를 기다리고 있습니다.

정석헌

매일 책을 읽고 메모한 손글씨 독서 노트 16권, 에버노트 독서 메모 1,500개를 보물처럼 여기며 문장 자판기라는 별명을 가지고 있다.

인생을 표류하다 책을 만나 삶의 오류를 발견한 뒤 '오류'라는 필명으로 글을 쓴다.

혼자 전율하고 희구하기에 아까운 문장 수집을 좋아하고 탄수화물 중독자, 비만인, 그리고 금사빠다.

추천사

독서 고수의 경험과 노하우

재능을 타고나서 별다른 노력 없이 뛰어난 성취를 이룬 사람은 좋은 코치가 되지 못한다고 한다. 그런 사람들은 보통 사람이 겪는 어려움을 알지 못하고, 탁월함에 도달하기까지의 단계별 접근법을 알지 못하기 때문이다. 처음부터 잘했던 사람보다는 기초단계에서부터 자신의 노력으로 고수의 경지에 이른 사람이 더 잘 가르칠 수 있다. 그런 면에서 정석헌 저자는 훌륭한 코치의 자격을 갖춘 사람이다. 그는 5년 전 내가 진행한 6주 과정의 메모 독서법 강의 참가자였는데, 너무나 열심히 강의를 듣고 실천에 옮겨서 참가자 중 단연 돋보였다. 그 후 독서 모임을 함께 하면서 오랫동안 그를 지켜볼 수 있었는데, 그는 더 잘 읽고 더 잘 쓰기 위해 끊임없이 새로운 방법을 배우고 실천했다. 다른 사람의 방법을 따라 하는 것이 아니라 자신만의 방법을 찾기 위해 수년간 노력했고, 그 여정의 결실이 드디어 한 권의 책으로 나왔다.

『책 제대로 읽는 법』에는 독서 초보에서 시작해서 고수가 된 정석헌 저자의 경험과 노하우가 고스란히 담겨 있다. 그는 쓰기를 통해 책 읽기가 근본적으로 달라지는 경험을 했고, 그 경험을 통해 찾은 '쓰기와 함께 책을 제대로 읽는 5단계 방법'을 상세하게 알려준다. 책을 많이 읽어도 남는 게 없어서 고민인 분들, 여러 독서법을 시도해 봤지만 효과를 보지 못했던 분들께 책을 제대로 읽는 새로운 접근법을 알려주는 이 책을 추천한다.

『메모 독서법』 저자, 신정철

목차

이 책은
글쓰기 책이 아닙니다

이 책은 글쓰기를 권하는 책이 아닙니다. 아이러니하게도 쓰기를 먼저 해야 책을 제대로 읽을 수 있다고 주장하는 책입니다.

왜 쓰기를 먼저 해야 할까요? 쓰기를 해본 사람만 알 수 있는 것들이 있기 때문입니다. 읽기만 해본 사람은 절대 경험하지 못한 것들입니다. 무작정 글쓰기만 해서도 알 수 없는 사실입니다. 결국 쓰려고 읽어본 사람만 제대로 된 책 읽기를 경험합니다.

쓰려고 읽는다니, 도대체 무슨 말일까요? 쓰려고 읽는다는 건 목적을 가지고 읽는 것을 말합니다. 예를 들어 발제 자료를 만들기 위해 책을 읽는다든지, 또는 강의하기 위해, 영상 제작을 위해, 논문을 쓰려고, 책을 쓰려고 책을 읽는 것이 '쓰려고 읽는' 예입니다.

쓰는 사람은 쓸거리를 고민하는 사람입니다. 쓸거리를 찾는 이들은 쓸거리를 확보하기 위해 자기 자신, 타인, 책 그리고 세상을 관찰합니다. 이런 과정에서 쓰는 사람은 관찰자의 눈을 갖게 됩니다. 써야 하는 분명한 목적을 가지고 읽기를 하는 셈입니다. 그들은 무작정 읽기보단 관찰을 합니다. 우선 생각합니다. 왜 제목을 이렇게 지었을까? 글의 시작은 어떻게 했을까? 예시는 무엇을 가지고 왔나? 근거와 사례, 비유는 어떤 것을 사용했을까? 저자가 놓치고 있는 것은 무엇일까? 이런 생각들을 하면서 읽습니다. 평소에 무작정 책을 읽은 사람은 절대 해보지 못한 경험을 하게 됩니다.

무엇이 관찰자의 눈을 가지게 한 것일까요? 바로 쓰기라는 문제 때문입니다. 쓰기는 문제 해결의 과정이기도 합니다. 문제가 생기면 문제를 해결하기 위해 우리는 무언가 해야 합니다. 주변 사람들에게 물어보기도 하고 유튜브 영상을 찾아보기도 하고 책을 찾아 읽기도 하는 것이죠. 바로 적극적인 문제 해결 과정에 동참하는 것입니다.

또한 쓰기를 먼저 한 사람은 관찰자의 눈뿐만 아니라 쓰는 신체를 가진 사람들입니다. 예민한 신체라고 해도 좋겠습니다. 남들은 그냥 지나칠 법한 사소한 말, 사소한 행동도 그냥 지나치지 않게 됩니다. 그런 경험 있지 않으신가요? 분명 나도 같은 경험을 했는데 어떻게 이 사람은 이걸 글로 써냈을까 하는 경험 말입니다.

사실, 글을 쓴 작가가 의도한 것은 아닙니다. 의도했다기보다는 자연히 발견한 것입니다. 자기 글을 쓰다가 막히는 부분이 있었는데 그걸 해결하려다 보니 발견한 것뿐입니다. 문제 상황이 평소엔 보이지 않던 것도 다시 보게 만들고 흘려들었던 말도 다시 들리게 한 것입니다. 수많은 저자들, 글쓰기를 이어나간 사람들은 불현듯 떠오른 아이디어들을 모두 텍스트화시킨 이들입니다.

에디슨은 천재는 어떻게 만들어지냐는 어느 인터뷰에서 천재는 1퍼센트의 영감과 99퍼센트의 노력으로 만들어진다고 대답했습니다. 대부분은 이 말을 99퍼센트의 노력이 중요하다고 받아들입니다. 그런데 정작 핵심은 그게 아닙니다. 핵심은 1퍼센트의 영감입니다. 노력만 하는 사람들에겐 그것이 없으니까요. 없는 것이 아니고 발견하지 못한 것입니다.

글을 쓰는 사람들은 이 영감을 자주 마주합니다. 왜 어떤 이들에게만 이런 것들이 생길까요? 그 비밀이 바로 제가 주장하는 것입니다. 책을 제대로 읽으려면 쓰기를 먼저 해야 한다고요.

다독을 맹신하는 사람들이 있습니다. 다독을 주장하는 이들 대부분은 매일 읽고 써야 하는 직업을 가진 사람들입니다. 교수, 학자, 저자, 강사, 비평가, 서평가들이 바로 그 예입니다. 그들은 읽는 일을 하는 사람들입니다. 그들의 말만 믿고 바쁜 시간 중에 책을 읽어야 하는 부담감에 책만 사놓고 읽지 않는 사람들이 많습니다. 직장인이 다독하기는 쉽지 않습니다. 시간이 없기 때문이죠. 그런데 해마다 다독을 권하는 책들이, 영상이 시중에 쏟아지고 있습니다. 수박 겉핥기식으로 책 1,000권을 읽고 누군가 책에 대해 물어보면 그저 좋았다고 한마디밖에 말할 수 없는 사람이 되고 싶으신가요? 아니면 1권을 읽더라도 1,000권의 효과를 누리며 구체적으로 적극적으로 자신의 경험을 나누는 사람이 되고 싶으신가요?

　책을 많이 읽으면 좋다고 믿었기에 많이 읽어봤습니다. 최근 5년간 읽은 책이 무려 1,600권입니다. 인터넷서점 알라딘은 저를 플래티넘 회원으로 올려주더군요. 알라딘에서 연말마다 알려주는 독서 소비 금액을 보면, 2022년 저의 책 소비 금액은 630만 원이었습니다. 책만 읽은 것은 아닙니다. 책을 읽고 메모도 했습니다. 에버노트에는 1,500권 책에서 뽑은 핵심 문장들이 저장되어 있습니다. 그러던 어느 날 쓰기를 시작했습니다. 여태 많은 책을 읽고 메모도 해왔지만, 쓰는 것은 다시 처음부터 시작하는 것과 같았습니다. 쓰기는 고통스러웠습니다. 하지만 쓰는 과정에서 저는 여태 책에서 배우지 못한 것을 스스로 배우게 되었습니다. 그 결과가 바로 이 책입니다. 어쩌면 여러분이 기존에 갖고 있던 생각과 정면충돌할지도 모르겠습니다. 준비 되셨나요? 이제부터 저의 이야기를 시작해보겠습니다.

책 제대로 읽는 법  **1장**

지금 책

제대로 읽고 있습니까?

한 권을 읽더라도 발제
쓰기 위해 읽으면 달라진다
중요한 건 인풋이 아니라 아웃풋

한 권을 읽더라도
발제

"

읽기는 우리를 주체적으로 사고할 수 있게 해준다. 하지만 읽기만으론 부족하다. 읽기는 수동적 행위기 때문이다. 생각 없이 그저 받아들이기만 하면 책을 읽어도 기억하지 못하고, 사고력을 쓰지 않고 그냥 읽기만 하면 감상을 물어도 제대로 대답하지 못한다. 요약은 가능하지만 저자가 전달하려던 메시지나 자기 소감 등은 한마디도 할 수 없는 경우가 대부분이다. 책을 다 읽었음에도 책이 어땠는지 물으면 대부분 단순히 "좋았다", "인상 깊었다"가 소감의 전부다.

쓰기를 전제한 읽기가 되면 달라진다. 쓰기라는 목적을 가지고 읽는 사람과 아무 목적 없이 그냥 읽는 사람은 출발부터 다르기 때문이다. 쓰기라는 목적을 가진 사람은 한 문장도 허투루 보지 않는다. 낯선 개념도 그냥 넘어가지 않는다. 나에게 익숙한 개념을 저자는 어떻게 다르게 해석했는지 비교해 본다. 다른 저자의 다른 주장이 있다면 그것은 어떤 근거로 펼쳐지는지 확인한다.

쓰기를 전제로 한 읽기의 좋은 예가 발제 독서다. 발제란 학회나 토론에서 책의 특정 챕터나 특정 주제를 맡아서 공부하고 연구한 내용을 정리해 문제를 제기하고 사람들 앞에서 발표하는 것을 말한다. 독서 모임에도 이런 발제를 적용한 곳이 있다. 내가 5년째 활동하고 있는 <성장판 독서모임>이 그렇다. <성장판 독서모임>은 『메모독서법』을 쓴 신정철 작가가 운영하는 독서 모임으로 참가자들이 책을 읽고 읽은 내용을 요약해 발표하는 형식으로 운영한다. 참가자는 반드시 한번은 발제에 참여해야 하는데 이 과정에서 읽기가 비약적으로 발전한다. 책 한 권을 읽더라도 발제하고 안 하고는 엄청 큰 차이가 있다. 발제는 읽고 공부한 텍스트에 대한 성실한 표현이며 자기만의 해석이다. 성실함을 넘어 자기 주관을 담은 문제제기이기도 하다.

발제 독서는 쓰기를 전제로 한 읽기다. 발제라는 목적이 생겨 책을 더 집중해서 읽게 되는 것이다. 책을 요약하고 책의 핵심 내용을 계속 떠올리면서, 저자는 어떤 식으로 논리를 전개해 나가는지 관찰하고 어떤 예시를 들어서 설명했는지 파악하게 된다. 평소 아무 목적 없이 읽을 때와는 차원이 다른 읽기를 경험하는 것이다.

일본의 철학자 지바 마사야는 『공부의 철학』에서 다음과 같이 말한다.

일반적으로 독서라 하면 처음 나오는 문장부터 마지막 마침표까지 '통독'하는 것이라는 이미지를

갖고 있을 터이다. 하지만 조금 진지하게 생각하
면 알 수 있는 일인데, 한 자 한 자 모두 완벽하게
읽고 있는지는 사실 확실하지 않다. 통독했다 하
더라도 기억하는 내용은 부분적이다. 설사 통독
했다 해도 실제로 '완벽하게'는 읽지 못한다. 여기
서부터 점점 극단적으로 논의를 전개하면, 띄엄
띄엄 읽는 것도 충분히 독서라 할 수 있다. 심지어
목차만 파악해도, 나아가 제목만 보더라도 어떤
'말은 할'수 있다. 애초에 다른 사람들이 "너, 이 책
진짜 제대로 읽은 거야?"라고 물어보는 일은 없
다. 왜일까? 우리 모두는 자신의 독서가 불완전하
다는 사실이 불안하고 그것을 츳코미(추궁) 당하
는 것이 싫기 때문이다.

(지바 마사야, 『공부의 철학』, 책세상, 2018)

발제 독서는 추궁당하는 일을 자진해서 하는
행위다. 사람들에게 설명하고 가르치고 발표하
기 위한 독서를 몸소 체험하는 것이다. 발제라
는 틀을 활용해 불완전한 독서가 완전한 독서로
탈바꿈한다. 목적 하나 바꾸었을 뿐인데 이전과

는 완전히 다른 독서를 체험하게 된다.

발제 독서는 저자의 생각과 내 생각을 명확히 구분하여 받아들이게 한다. 발제하지 않고 책을 읽을 땐 남의 생각을 내 생각인 양, 전문가의 생각을 내 생각인 양 착각한다. 생각의 차이를 알아차리는 것이 발제에서 무엇보다 중요하다.

발제는 다양한 형식(PPT, 마인드맵, 비주얼 싱킹 등)으로 할 수 있지만 가장 좋은 건 한편의 완결된 형태의 글로 써보는 것이다. 자기 생각을 정리하고 명확화하는 데에도 완성된 글만큼 좋은 것은 없다. 요약문은 단순히 지식을 나열하기만 해도 되지만, 논리의 흐름과 지식의 관계를 파악하기는 어렵다. 반면 완성된 형태의 글을 쓰면 지식과 지식의 관계, 그리고 논리의 흐름을 기술하게 되어 생각이 더욱 분명해진다.

모든 책을 발제하기는 어렵지만, 단 한 권을 읽더라도 발제하고 안 하고는 엄청난 차이가 있다. 아직 발제를 경험해보지 않았다면 지금부터라도 꼭 한 번 경험해보길 권한다. <성장판 독서 모임>과 같은 발제 독서 모임을 검색해 참여해보자.

쓰기 위해 읽으면
달라진다

"

책을 읽고도 내용을 기억하지 못한다면 안 읽은 것과 뭐가 다를까? 아는 것과 안다고 생각하는 것은 다른 얘기다. 빠른 속도로 읽는 사람, 그런 사람을 부러워하는 시선. 그 시선의 배경에는 많이 읽을수록 지혜가 축적된다는 신화적인 믿음이 깔려있다. 잘 생각해보자. 그것은 진실인가, 아니면 당신이 믿고 싶은 통념인가? 100권을 읽어도 내용을 기억하지 못하는 사람은 한 권도 안 읽은 사람과 똑같은 사람일 뿐이다. 기억하지 못하는 읽기는 시간 낭비에 불과하다. 이 문제에 대한 해결책은 무엇일까?

쓰려고 읽으면 된다. 쓰려고 읽을 때라야 제대로 읽게 된다. 쓰기란 목적 있는 글이다. 목적에 이르기까지 글이 지면을 밀고 가는 과정은 쉽게 말해서 문장과 문장을 이어가는 문제 풀이 과정이다. 다음 문장이 막히고 머리가 하얘질 때는, 맥락을 놓쳤거나 주제가 희미해져서 내가 다다라야 할 방향을 찾지 못해 헤매는 때이다. 그러니 다음에 어떤 문장으로 다리를 놓아야 할지 막막하다. 이때, 우리는 글의 주제를 다시금 생각한다. 나는 왜 이 글을 쓰고자 하는가, 이 글은 누구를 향한 글인가, 이 글을 통해 나는 어떤 메시지를 전하고자 하는가 등의 물음을 통해 내가 쓰고자 했던 출발점과 도착점을 선명하게 이어본다. 그러면 그 점에서 나아가지 못하고 주저앉은 문제점이 무엇인지, 어떤 부분에서 막혔는지 알게 되고, 그 문제를 풀어낼 힌트가 어디에 있는지도 가늠할 수 있다. 그렇게 문제 해결의 방향이 그려지면 머릿속에 물음표를 그린 상태에서 관련 도서를 뒤져가며 문제의 답이 될 만한 자료를 탐색한다.

이때의 책 읽기는 명확히 말하지만, 독서가 아니다. 탐색이다. 독서는 읽는 자체가 목적인데 반해, 탐색은 읽기가 목적이 아니라 문제 해결의 힌트를 발견하기 위한 훑기다. 문제를 가지고 탐색하듯 빠르게 글을 훑어가다 보면 해결의 실마리가 될 수 있는 힌트를 발견할 가능성이 높은데, 이때 탐색하는 시선은 고도의 집중력을 발휘한다. 내 의지로 그렇게 하는 것이지만, 동시에 내 안에서 일어난 문제를 찾아내기 위한 무의식적 본능의 발로이기도 하다.

쓰려고 읽으면 글쓴이가 자료를 찾기 위해 얼마나 발품을 팔았는지, 적합한 단어 선택을 위해 얼마나 공을 들였는지가 보인다. 쓰기는 글 보는 눈을 길러주며, 글 보는 안목은 곧 세상을 보는 관점으로 이어진다. 아울러 남의 말을 알아듣는 만큼 타인의 삶에 대한 구체적 감각이 생긴다. 이 감각, 마음 쏠림이 또 다른 글쓰기를 자극한다.

예를 하나 들어보자. 어느 날 인터넷 세상을 떠돌다 우연히 서평단 모집 공고를 발견했다. 기대 없이 신청했는데 운 좋게도 서평단에 당첨됐다. 며칠 뒤 책을 받는다. 서평단에 신청했을 당시엔 이 책을 받으면 꼭 서평을 써야지 하고 결심했지만 책을 받고 난 뒤 마음이 순식간에 바뀐다.

받은 책은 그냥 책장에 꽂아둔다. 하루 이틀 시간이 계속 흐른다. 시간이 어느 정도 흐른 뒤에 곧 서평 마감일이 왔음을 직감한다. 책장에 한동안 고이 모셔둔 책을 꺼낸다. 그리고 다시 책장에 책을 꽂는다. 이 동작을 반복한다.

미루고 피하는 고통을 경험하다 결국 마감 전날이 된다. '어떡하지? 아직 한 페이지도 안 읽었는데 어떻게 서평을 쓰지?' 생각하다 몇 글자라도 쓸 마음에 노트북을 켠다. 이제 더는 미룰 시간이 없다. 뭐든, 어떻게든 써야 한다.

지금 나에게 어떤 문제가 발생한 순간이다. 문제는 바로 서평이다. 이 문제를 해결하기 위해

잠자던 뇌는 서서히 움직이기 시작한다. 문제 해결을 위해 뇌라는 컴퓨터가 풀가동하기 시작한다. 뇌가 풀가동하면 몸은 집중 모드 상태가 된다. 평소 흐리멍덩한 눈이 날카롭게 변한다.

책 앞표지, 뒤표지를 훑는다. 다음으로 저자 소개를 읽는다. 서문을 읽는다. 서문을 읽다가 유독 내 눈을 사로잡는 어떤 단어와 문장을 발견한다. 순간 '이걸로 쓰면 되겠다'는 생각이 머리를 스친다.

발견한 단어, 문장으로 서평의 제목을 쓴다. 그리고 한 단어, 한 문장이 쌓이고 한 단락이 완성된다. 한 단락이 완성되니 자연히 나의 과거 경험이 떠오른다. 과거 경험을 글에 추가한다. 쓰기에 속도가 붙는다. 어느새 한편의 그럴씨한 서평이 완성된다. 서평이 순식간에 완성된 건 나에게 어떤 문제가 생겼기 때문이다. 내게 발생한 문제가 읽기를 바꾼 것이다.

논문을 쓰는 학인도 같은 경험이 있다며 얘길 들려주었다. 평소엔 아무 생각 없이 읽던 책인데 논문을 쓰려고 다시 책을 펼쳤더니 거기에서 논문에 꼭 필요한 단어들이 눈에 띄어서 자신도 놀랐다는 얘기였다.

이런 이야기는 작가들이 쓴 에세이에서도 종종 찾아볼 수 있다. 책을 쓸 때 책이 더 잘 읽힌다는 이야기다. 같은 맥락으로 쓰기에 문제가 발생했기 때문에 책이 더 잘 읽히는 것이다.

목적하나 달라졌을 뿐인데 읽기가 이렇게 달라진다. 쓰려고 읽으면 읽기가 달라진다. 지금까지 아무 목적 없이 읽기를 하고 있었다면, 독서를 꽤 하긴 하는데 변화가 생기지 않는다고 불평하고 있었다면, 오늘부터는 쓰려고 읽어보자. 쓰려고 읽으면 읽기가 달라지는 것을 경험할 것이다.

중요한 건
인풋이 아니라 아웃풋

"

일본의 정신과 의사이자 다수의 책을 집필한 저자인 가바사와 시온은 『아웃풋 트레이닝』에서 이렇게 말한다.

약 90퍼센트의 사람이 독서를 하거나 강의를 들어도 '다 안 것 같은' 기분만 느낄 뿐, 실제로는 자신의 것으로 만들지 못한다고 한다. 인풋은 단지 '자기만족'에 불과한 것이며 '자기 성장'은 오직 아웃풋의 양에 비례한다.

(가바사와 시온, 『아웃풋 트레이닝』, 토마토출판사, 2019)

독서를 하거나 강의를 들을 땐 알 것 같은 기분만 들뿐 남는 것이 별로 없다. 경험해 봐서 알 것이다. 독서와 강의는 일방적인 인풋이기 때문이다. 일방적인 인풋을 내 것으로 소화하려면 아웃풋을 만들어야 한다.

안다는 것과 안다고 착각하는 것은 다르다. 안다는 건 내 언어로 말할 수 있다는 뜻이다. 내가 평소에 사용하는 언어로 내가 이해한 바를 설명할 수 있을 때 자기 것이 된다. 이 상태에 이르지 못했다면 안다고 착각하는 것이다.

우리가 어떤 경험을 통해 무언가를 배웠으면 타인과 공유 가능한 형태로 전환되었는지 확인해 봐야 한다. 공유 가능한 형태란 어떤 형태일까? 대표적인 형태가 말과 글이다. 즉, 언어라는 형태다. 음악이나 미술의 형태를 띨 수도 있다. 무언가 배웠다는 건 타인에게도 전달 가능한 형태가 되었다는 의미다. 언어화된 지식이야말로 내가 머리로만 아는 애매모호한 지식이 아니라 명확히 설명하고 이해했음을 인지한 상태다. 또한 타인에게 공유 가능한 형태이기 때문에 세상 누구와도 연결될 수 있다. 책이 바로 그 예다.

쓰기를 하라 강조하는 이유가 바로 이것이다. 쓰는 사람은 글로 언어화하는 사람이다. 자신이 이해한 바와 경험을 글로 합쳐 타인에게 전달 가능한 형태로 변화시킨 사람이다. 이들은 한때 소비자였지만 지금은 생산자로 탈바꿈한 자들이다. 소비자는 계속 소비만 하고 아무것도 남는 게 없지만 쓰는 사람은 생산과 소비를 동시에 하기에 계속 남게 되는 것이다. 몽테뉴는 말했다. "자신의 삶을 서술하는 사람은 모든 사람을 위해서 사는 것이며, 자신의 시대를 표현한 사람은 모든 시대를 위해 그렇게 한 것이다."라고.

평소 자신이 스마트폰을 어떻게 사용하고 있는지 살펴보자. 대부분은 스마트폰으로 SNS를 보거나 각종 기사와 인터넷 뉴스를 읽는 인풋 수단으로 사용한다. 통근 시간 대중교통에서만 보더라도 사람들은 고개를 숙인 채 스마트폰을 보면서 시간을 소비한다.

그런데 누군가는 이 시간에도 인풋이 아닌 아웃풋을 만들어낸다. 출퇴근 시간과 자투리 시간을 활용해 SNS에 글을 쓴다. 남들은 인풋하며 보내기도 바쁜 시간에 말이다. 실제로 자투리 시간 5분만 활용해도 상당히 많은 일을 해낼 수 있다. 지금 읽고 있는 책의 느낀 점을 간단하게 3줄로 작성해서 올릴 수 있으며, 길에서 마주한 영감 가는 글귀들을 사진으로 찍고 공유할 수 있고, 어제 시청한 동영상에 짧은 소감을 덧붙여 공유할 수도 있다.

인풋만 하는 사람과 매일 아웃풋을 내는 사람 중 어떤 쪽이 더 성장할까? 답은 뻔하다. 바로 아웃풋을 내는 쪽이다.

인풋은 쉽다. 생각하지 않고 눈으로 보거나 듣거나 하면 된다. 반대로 아웃풋은 어렵다. 귀찮다. 생각을 해야 하고 그것을 말 또는 글로 표현해야 하기 때문이다.

생각하지 않는 인풋은 바로 기억에서 지워진다. 그렇게 생각하면 '스마트폰을 마냥 보는 시간'은 최고의 시간 낭비라고 할 수 있다. 스마트폰 사용이 전부 나쁘다는 뜻은 아니다. 언제 어디서나 편리하게 사용가능한 장점을 가진 스마트폰을 좀 더 효과적으로 사용하는 방법을 이야기하는 것이다. 결국, '아웃풋을 하는' 데 30분이니 1시간이니 시간을 길게 들일 필요가 없다. 통근 중, 이동 중의 자투리 시간을 활용해서 일단 5분이라도 좋으니 시간을 내보길. 15분이면 더욱 좋고.

인풋 중심으로 공부해 온 사람에게 인풋 양을 줄이라고 하면 더럭 겁부터 먹는다. 처음엔 누구나 그렇다. 아무리 인풋을 많이 해도 아웃풋을 하지 않으면 그 기억은 오래가지 않는다. 즉 아웃풋 하지 않는 인풋은 아무런 의미가 없는 것이다.

'한 달에 3권 인풋, 0권 아웃풋'과 '한 달에 한 권 인풋, 한 권 아웃풋'을 비교하면 '한 달에 한 권 인풋, 한 권 아웃풋'이 압도적으로 성장한다.

이쪽이 시간도 덜 든다.

　다른 한 가지 방법은 영상을 보고 자신만의 언어로 각색을 해보는 것이다. 유튜브 영상 1편을 시청한 후 영상에서 봤던 인상 깊은 장면 하나, 혹은 인상 깊게 들은 말 한마디로 시작하는 한 편의 짧은 글을 써보는 연습이다. 처음엔 어떻게 해야 할지 막막하겠지만 차츰 익숙해지기 시작하고, 자신만의 문체를 갖기에 좋은 연습이 될 것이다.

　아웃풋을 하는 사람은 버리는 시간이 적다. 그들은 같은 시간을 살아도 다른 사람들보다 더 많은 날을 사는 듯한 효과를 누린다. 인풋만 하는 사람의 인생은 표지만 있고 속은 비어 있는 책과 같다. 아웃풋을 위해 관찰하고 기록할 때, 우리가 만들어가는 인생이라는 한 권의 책은 반짝이는 일상의 페이지들로 빼곡히 채워진다. 영성하게 채워져 있던 삶이 밀도 있게 변한다.

한 권을 읽더라도 발제해 보자. 발제는 쓰기를 전제한 읽기다. 쓰기라는 목적을 가지고 읽는 사람과 아무목적 없이 그냥 읽는 사람은 출발부터 다르다. 모든 책을 발제하기는 어렵지만, 단 한 권을 읽더라도 발제하고 안 하고는 엄청난 차이가 있다.

책을 읽고도 내용을 기억하지 못한다면 안 읽은 것과 뭐가 다를까? 아는 것과 안다고 생각하는 것은 다르다. 기억하지 못하는 읽기는 시간 낭비에 불과하다. 이 문제에 대한 해결책은 바로 쓰려고 읽는 것이다. 무언가 **목적을 가지고 쓸 때 책이 더 잘 읽힌다.** 쓰기라는 문제가 발생했기 때문에 책이 더 잘 읽히는 것이다.

대부분 사람들은 독서하거나 강의를 들어도 '다 안 것 같은' 기분만 느낄 뿐, 실제로는 자신의 것으로 만들지 못한다고 한다. 인풋은 단지 '자기만족'에 불과한 것이며 '자기 성장'은 오직 아웃풋의 양에 비례한다. 독서와 강의와 같은 일방적인 인풋을 내 것으로 소화하려면 아웃풋을 만들어야 한다. **중요한 건 인풋이 아니라 아웃풋이다.**

책 제대로 읽는 법

책 제대로 읽는 법  **2장**

책 제대로

읽기 단계별 전략

1단계 - 하루 15분의 기적
2단계 - 압축의 기술
3단계 - 가르쳐 보면 안다
4단계 - 100일 연속 글쓰기
5단계 - 한 가지 주제로 쓰기

1단계
하루 15분의 기적

"

우리가 원하는 것은 습관 자체가 아니다. 우리가 정말 원하는 것은 그 습관이 가져다줄 결과다. 장애물이 클수록, 즉 습관을 들이기 어려울수록 내가 되고 싶은 상태와 멀어진다. 이것이 습관을 쉽게 만들어야 하는 이유다.

가장 쉽게 독서 습관을 만들 수 있는 전략이 하루 두 쪽 책을 읽고 메모하는 방법이다. 15분이면 누구나 두 페이지는 읽을 수 있으며 메모까지 할 수 있는 충분한 시간이다. 방법도 간단하다. 책 두 쪽을 읽고 새롭게 알게 된 사실, 명언, 핵심 내용이라 생각되는 부분에 밑줄을 치고 독서 노트에 옮겨 적기만 하면 된다. 옮겨 적으면서 '왜 이 문장에 밑줄을 쳤는지' 생각해 보자. 여유가 있다면 옮겨 적은 문장 밑에 자신이 생각한 이유를 덧붙여보자.

고작 15분의 자투리 시간도 꾸준히 쌓으면 놀랄만한 성과를 낼 수 있다. KBS 수요기획 다큐멘터리 <하루 10분의 기적(KBS, 2010)>에서는 하루 10분으로 변화를 만들어낸 많은 사례를 소개한다. 최하위권의 수학 성적을 받은 학생들이 하루 10분씩 수학 문제를 풀다가 어느새 수학에 흥미가 생기면서 최상위권으로 올라가는 과정을 볼 수 있으며, 자투리 시간만 활용해 국가공인자격증을 55개 취득한 서울의 어느 고등학교 선생님 이야기도 나온다. 다양한 사례를 통해 얻은 결론은 '양'이 아니라 '오랜 시간'이었다.

15분은 하루 24시간의 1퍼센트의 해당하는 시간이다. 하루 1퍼센트는 눈에 보이지 않을 정도로 작지만 이 시간도 1년이 쌓이면 365퍼센트가 된다. 15분 동안 책에서 1가지를 배운다면 1년을 지속했을 때 365개의 새로운 배움이 쌓인다. 매일 한 가지를 배운다고 생각하며 읽어보자.

대부분은 사람은 고작 15분을 한다고 무슨 변화가 있겠냐며 '하려면 1시간은 해야지'라고 생각할 것이다. 대부분의 사람들이 독서 습관을 만드는 데 실패하는 이유가 여기에 있다. 독서라고 하면 1시간을 해야 한다고 착각한다. 『아주 작은 습관의 힘』의 저자 제임스 클리어는 새로운 습관을 만들 때 뇌의 저항을 줄이기 위해선 습관을 터무니없이 사소하게 만들 것을 강조한다. 예를 들어 매일 밤 잠들기 전 책을 읽어야지라고 계획하지 말고 잠들기 전 한 페이지를 읽어야지로 바꾸라고 말한다. 오늘 요가를 해야지는 요가 매트를 깔아야지로, 공부해야지는 노트를 펴야지로, 아침 조깅을 5킬로미터 뛰어야지는 운동화 끈을 묶어야지로 말이다.

처음 독서 노트에 문장을 옮겨 적을 때는 키보드보다는 손글씨를 추천한다. 캘리포니아대학교의 연구 결과에 따르면 키보드로 글을 쓸 때는 여덟 가지 손가락 운동만 수반하고 상대적으로 소수의 뇌신경 연결망만 사용하는 반면, 손글씨는 최대 1만 가지 움직임을 수반하고, 뇌에 수천 개의 신경회로를 만든다고 한다. 손글씨로 쓰면 강렬한 애착과 의욕이 생긴다는 것이다. 물론 컴퓨터로 기록하는 것도 유용하다. 하지만 컴퓨터 키보드로 입력하는 것이 스포츠카 운전을 묘사한 글을 읽는 것이라면, 손으로 목표를 쓰는 것은 오프로드 자동차로 알프스를 누비는 것과 같다. 손글씨는 목표에 대한 정서적 몰입도를 월등히 높이고, 동기부여 수준을 극적으로 끌어올린다.

책에 밑줄을 치면 집중력이 올라가고 공부하는 느낌도 든다. 나도 예전엔 책을 깨끗하게 봤는데, 이제는 형광펜이 없으면 책에 집중이 안 될 정도로 밑줄 긋기에 심취했다. 아직 책에 밑줄을 그어보지 않고 깨끗하게 읽었던 사람들에게 강력 추천한다. 꼭 밑줄을 그어보라고 말이다.

책에 다 나오는 내용인데 굳이 밑줄을 긋고 옮겨 적기까지 하라니 의아할 것이다. 박총의 『읽기의 말들』에는 이런 내용이 나온다.

> 책은 눈으로 읽음과 손으로 읽음이 확실히 다르다. 정민은 "손으로 또박또박 베껴 쓰면 또박또박 내 것이 되지만 눈으로 대충대충 스쳐보는 것은 말달리며 하는 꽃구경일 뿐"이라고 절한다.
> 발터 벤야민은 필사 없는 독서를 도시 위를 비행기 타고 지나가는 것에 비유하면서 "책이 온전히 내 것이 되는 것은 그 책을 필사하는 것"밖에 다른 수가 없다고 했다.
> 심지어 마오쩌둥은 아예 "붓을 움직이지 않는 독서는 독서가 아니다"라고 단언한다. 옮겨 적는 만큼 내 문장이 됨을 나 역시 경험으로 터득했다. 지인들이 어떻게 읽은 걸 다 기억하느냐고 묻고 하는데 순전히 베껴 쓴 덕분이다.
>
> (박총 『읽기의 말들』 247쪽, 유유, 2017)

1단계를 한 달 정도 지속해 보자. 실제로 해보

면 매일 15분씩 하기도 어렵다는 걸 알게 될 것이다. 사람마다 습관이 형성되는 시간이 각기 다르지만, 한 달 정도만 연속으로 해나간다면 대부분은 독서 습관과 메모 습관을 만들 수 있을 것이다. 처음엔 내가 습관을 만들지만 나중엔 습관이 나를 만든다.

2단계
압축의 기술

"

　책을 제대로 읽는 사람이 되기 위한 2단계는 한 페이지로 서평을 써보는 것이다. 1단계에서 메모한 내용이 있으니 어렵지 않게 2단계도 해낼 수 있다.

　'들어본 적 있다'는 건 '알고 있는 것'과 다르다. '들어본 적 있는 것'은 '내 지식'이 아니다. 진짜 내 지식이 되려면, '말할 수 있는 것'이어야 한다. 무언가에 대해 설명할 수 있어야 한다. 설명할 수 있는 지식이 바로 내 지식이다.

제대로 읽었다는 걸 증명하기 위해서 필요한 것이 바로 압축 기술이다. 아마존에는 PPT가 없다. 토요타도 마찬가지다. 이들 기업은 1페이지로 완성한 글로 모든 업무를 처리한다. 글로 써진 것만 인정하는 것이다. 왜 이런 형식을 취하게 되었을까?

요약의 본질은 핵심 파악이다. 핵심이 드러나기 위해선 군더더기를 제거해야 한다. 요약을 잘하는 대표적인 사람들이 있다. 바로 철학자들이다. 철학자는 정의 내리기 선수다. 소크라테스도, 아리스토텔레스도, 탈레스도 자신의 생각을 한마디로 요약해서 말했다. 자신만의 생각을 압축해서 말하는 기술을 가진 사람이다. 자신의 생각을 정리하고 요약해서 말하는 사람은 자신뿐만 아니라 다른 이들을 이끌 수 있다. 생각이 정리된 사람은 분명하게 말하고, 정리되지 않은 사람은 모호하게 말한다.

카피라이터도 그렇다. 카피라이터는 쓸모없는 것들을 덜어내고 본질의 이야기를 전하는 사람이다. 그들은 끊임없이 '왜'라는 질문을 던지며 한 줄의 문장으로 사람들의 마음을 동요시키는 일을 하는 사람이다. 그들은 분명하게 만든다. 그리고 공감을 얻는다. 그게 카피라이터의 기술이다.

'보이도록 구체화'라는 토요타의 유명한 말이 있다. 상대방에게 뭔가를 전달하고 싶을 때 가장 빠르고 효과적인 수단은 말이라고 생각하는 사람이 의외로 많다. "구체적인 말로 설명하면 틀림없이 상대방에게 잘 전달될 것이다"라고 말이다. 그러나 말보다 단 한 장으로 요약된 종이가 훨씬 쉽고 간단하게 상대방에게 필요한 정보를 전달할 수 있다.

한 장으로 요약하기 위해 내용을 줄이는 과정에서 정보의 중요도를 올바르게 이해하고 있는지도 알 수 있다. 올바르게 이해하고 있다면 중요한 정보는 남고 불필요한 정보는 삭제된다. 다시 말해 상사는 내가 작성한 한 장의 서류를 보면서 실은 내 머릿속을 보고 있다고 할 수 있다. 내가 작성한 한 장의 서류를 보고 내가 어디까지 이 일을 이해하고 있는지, 어디를 모르고 있는지를 체크한다.

1권의 책을 1페이지로 요약할 수 있는가? 메모는 전체의 일부분에 불과하다. 완성된 정보가 되려면 1장으로 압축하는 훈련이 필요하다. 책을 읽고 메모하는 것은 책 내용을 오해하지 않게 해주고, 1장으로 압축하는 건 책 전체를 이해하게 해준다.

요약의 핵심은 버리기다. 중요하지 않은 것을 버림으로써 핵심만 남기는 것이다. 버리기를 통해 남겨진 단 한 줄이 핵심이다. 남은 한 줄이 곧 책을 관통하는 한 줄이고 핵심 주제다. 핵심을 잡으려면 잘 버릴 수 있어야 한다. 핵심에 집중한다는 것은 잘 버린다는 것과 같다. 한 줄로 정리하는 과정을 통해 끊임없이 취사선택한다.

『한근태의 독서 일기』, 『고수의 일침』, 『몸이 먼저다』 등 다수의 책을 집필한 한근태 저자는 회사를 그만두고 컨설팅 회사를 만든 뒤 삼성경

제연구소에서 만든 세리CEO(CEO를 위한 온라인 지식 사이트)에서 책 소개 코너를 맡았다. 압축을 의뢰받은 것이다. 격주로 신간을 선정해서 읽고 요약해 8분 동영상으로 제작하는 일이었다. 바쁜 CEO들을 위해 압축하고 압축하는 과정은 고되었지만 의뢰받은 일을 통해 중요한 핵심만 추릴 수 있는 능력이 향상되었다. 이제는 책을 읽고 소개하는 일이 가장 좋아하는 일이라 말하며 성장의 밑바탕이 되었다고 말한다.

우리는 긴 글보다 짧은 글에 감동한다. 명언들이 그 예다. 요약함에 있어 맞고 틀리고는 중요하지 않다. 같은 책을 읽어도 사람마다 이해와 배경지식 때문에 받아들임의 정도가 다르다. 그러니 맞고 틀리고에 연연하지 말자. 대신에 이 책을 통해 자신이 무엇을 배웠는지에 집중하자. 한 줄이면 무엇이든 표현할 수 있다. 계속 연습하다 보면 실력이 늘고 다른 사람과 차별화된 나만의 고유한 스킬이 된다.

• 제목	『모든 것은 기본에서 시작한다』 (손웅정, 수오서재, 2021)
• 읽게 된 계기	책의 띠지에 끌려 읽기 시작했다. 띠지에는 손흥민의 말이 있었다. "나의 축구는 온전히 아버지의 작품이다"라는 그 말. 절반쯤 읽다가 알았다. 손흥민이 왜 그렇게 말했는지를. 세상과 타협하지 않는 고집불통 외골수 손웅정의 철학과 원칙은 두 아들에게 그대로 대물림되었음을 말이다.
• 한 줄 요약	실력도, 기술도, 사람 됨됨이도 모두 기본에서 시작한다는 손웅정의 철학이 녹아있는 책
• 인상 깊은 문장	1. 아무리 어려운 상황이 닥쳐도 발버둥 치면 무언가가 생긴다는 것을, 삶은 가르쳐준다. 2. 세상에 공짜는 없다. 돈이 가면 당연히 몸도 따라가야 한다. 돈을 받는 순간 절대 자유로울 수 없다. 3. 악과 깡으로 살아낸 유년 시절을 떠올리면 어리석기도 하고 어설프기도 하지만 지켜야 할 삶의 가치들 몇 가지를 얻었고, 쉽게 꺾이지 않았다. 감사하다. 그만하면 되었다 싶다.

• 이 책을 통해 배운 것	소신이라 해도 좋고 원칙이라 해도 좋고 철학이라 해도 좋다. 손웅정은 이것을 기본이라 말한다. 기본을 지키며 사는 삶. 불합리한 것에는 타협하지 않기, 본질에 집중하기, 남들에게 어떻게 보이는가의 문제, 좋은 게 좋은 거라는 식의 선택 같은 건 지워버리고 자신에게 좋은 것만 택하고 그대로 실천하는 용기. 기본을 지키며 사는 삶이 얼마나 어려운지 배웠다. 나의 기본은 무엇인지 생각해보고 기본을 지키며 사는 삶을 실천해야겠다.
• 별점	4.5 / 5
• 추천 대상	기본기에 대한 생각을 바꾸고 싶은 사람, 인생철학에 대해 고민했던 사람

예시 2 **[책 한 권을 한 장으로]**

• 제목	『인생을 바꾸는 무의식을 지배하는 말』 (구스도 후토시, 경향BP, 2018)
• 읽게 된 계기	밀리의 서재에서 본 책의 표지(마리오네트 인형을 조종하는 그림)가 인상적이어서 읽기 시작한 책
• 한 줄 요약	삶을 바꾸고 싶다면 보이지 않는 무의식의 존재를 먼저 인정하고, 살면서 세뇌된 '말'과 '생각'을 바꿔 무의식을 내 편으로 만들라.

● 인상 깊은 문장	1. 자신을 상처 입히거나 침울하게 한 것이 자기 자신의 '말(생각)'이라는 것을 깨달았을 때, 비로소 스스로 인생의 전환점을 발견할 수 있었습니다. 2. 말이 생각을 만들고, 생각이 행동을 낳고, 행동에 의해 당신 자신의 인생이 만들어져 가는 것입니다. 때문에 자신의 인생을 잘 풀리게 하고 싶다면 '생각'을 바꾸는 것, 즉 그 근원인 말을 바꾸는 것이 중요합니다. 말 그 자체를 바꾸는 것도 중요하지만, '말을 어떻게 해석할까, 어떻게 의미를 부여할까?'도 동일하게 중요합니다. 3. 무의식은 다른 말로 표현하면 '잠재의식'이라고도 합니다. 이것은 문자 그대로 '잠재'되어 있기 때문에 '의식'할 수 없다는 것입니다. 그렇게 생각하면 우리들이 평소에 '의식'해서 하는 일은 굉장히 적다는 것을 알 수 있습니다. 생각도, 입에서 나오는 말도, 사건에 대한 해석도, 날마다의 습관(일이 끝난 후에 맥주 한잔)도 반사적으로 '무의식'적으로 하고 있습니다. 그렇다는 말은 머리말에서 썼듯이 우리들은 어쩌면 프로그래밍된 로봇에 가까울지도 모릅니다.
● 이 책을 통해 배운 것	1. 보이지 않는 무의식이 내 삶 전체를 지배한다. 2. 보고 있는 것 10%, 망상과 상상이 나머지 90%를 차지한다. 3. 우리가 쓰는 말은 무의식 된 프로그래밍 언어다. 4. 자기 계발, 성공 법칙을 실행하는 걸로는 부족하며 100% 사실로 받아들일 때 변화가 시작된다.

이 책을 통해 배운 것	5. 이왕 걱정할 거면 행복한 걱정을 하자. 6. 머릿속 망령이 찾아올 땐 귀엽게, 반갑게 맞이해 주자. 그리고 이렇게 말하자. 축하해! 그리고 고마워! 7. 바뀌지 않는 이유는 100% 사실로 믿지 않기 때문이다. 8. 남 탓을 많이 하는 사람은 자신감이 없는 사람이다. 자신은 상처받고 싶지 않아 남을 탓하는 것이다. 9. 머뭇거릴 땐 이렇게 이야기해 보자. 그래, 나 결정했어! 10. 무의식은 변화를 싫어한다. 그러니 서서히 변화를 주자.
별점	4.9 / 5
추천 대상	자기 계발, 성공법칙을 따랐는데 사태가 호전되지 않았던 사람, 지금 하는 일이 잘 풀리지 않는 사람, 자기 인생을 방해하는 것들을 마주하고 싶은 사람, 잠재의식에 호기심이 있는 사람, 걱정과 불안에 지친 사람, 인생을 변화시키고 싶은 사람, 굳어버린 자기 세뇌에서 벗어나고 싶은 사람, 남 탓을 많이 해본 사람, 질투가 많은 사람, 남을 인정하지 못하는 사람

• 제목	
• 읽게 된 계기	
• 한 줄 요약	
• 인상 깊은 문장	1. 2. 3.
• 이 책을 통해 배운 것	1. 2. 3.
• 별점	
• 추천 대상	

3단계
가르쳐 보면 안다

"

　'한 달에 3권 독서하는 사람'과 '한 달에 10권 독서하는 사람' 중 어느 쪽이 더 성장할까? 대부분은 '책을 많이 읽으면 다양한 지식을 터득할 수 있으니 더 많이 읽는 사람이 성장할 수 있다'고 생각한다. 하지만 그건 착각이다. 인풋의 양과 자기 성장이 반드시 정비례하는 건 아니다. 앞서 얘기했듯 중요한 건 인풋이 아니라 아웃풋이기 때문이다. 질문을 바꿔보자. '한 달에 3권 읽고 3권 아웃풋을 하는 사람'과 '한 달에 10권 읽고 한 권도 아웃풋 하지 않는 사람' 중에 어느 쪽이 더 성장할까? 답은 뻔하다.

저자 강연에서 자주 들을 수 있는 말이 있다. "제가 책에도 썼지만."이란 말이다. 그들은 어떻게 자기가 쓴 걸 정확히 기억하고 있을까? 이유는 간단하다. 그들은 책을 쓰는 아웃풋을 했던 사람들이다. 강사들도 아웃풋을 많이 한 사람이다. 책을 보지 않고 몇 페이지 몇째 줄에 무슨 내용이 있는지 정확히 줄줄 읊는 강사들이 있다. 아웃풋을 자주 했기에 그들은 자신이 쓴 내용을 모두 기억하는 것이다.

학습 방법에 따른 평균 기억률 연구 결과에 따르면 수동적 학습방법에 비해 참여적 학습방법이 기억에 오래 남는 것을 알 수 있다. 듣기만 했을 때의 기억률은 5퍼센트인 반면, 가르칠 때의 기억률은 90퍼센트에 달한다. 학생과 선생의 기억률 차이는 바로 아웃풋에 있음을 확인할 수 있는 결과다. 작가나 선생님은 책을 그냥 읽은 사람과 들은 사람에 비해 내용을 기억할 확률이 16배 높다.

결국 기억의 핵심은 인풋이 아니라 아웃풋에

있다. 아웃풋을 자주 하면 할수록 뇌는 그것을
중요한 정보로 판단해 장기기억으로 보관한다.

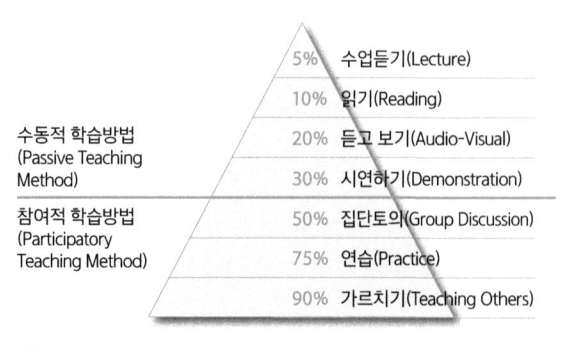

	5% 수업듣기(Lecture)
	10% 읽기(Reading)
수동적 학습방법 (Passive Teaching Method)	20% 듣고 보기(Audio-Visual)
	30% 시연하기(Demonstration)
참여적 학습방법 (Participatory Teaching Method)	50% 집단토의(Group Discussion)
	75% 연습(Practice)
	90% 가르치기(Teaching Others)

평균기억률(Average Retention Rates)
출처: Learning Pyramid National Training Laboratories, Average retention
rates. Bethel, Maine

책을 읽는 것은 인풋, 그 감상을 친구에게 말
하면 아웃풋이 된다. 책 읽고 메모하기, 감상을
글로 쓰기 모두 아웃풋이다. 책의 내용을 행동으
로 옮기는 것도 아웃풋이다. 공부를 예로 들면
교과서를 읽는 것은 인풋, 문제집을 풀고 시험을
보는 것은 아웃풋이다. 친구의 질문에 배운 것을
설명하고 가르쳐주는 것 또한 아웃풋이다.

인풋하면 뇌 안의 정보와 지식이 늘어난 것

처럼 느껴질 뿐이다. 인풋만으론 아무런 변화도 만들지 못한다. 반면 아웃풋은 '행동'이다. 아웃풋을 해야 비로소 현실 세계에 변화와 영향을 줄 수 있다. 책을 100권, 1,000권을 읽어도 아웃풋 하지 않는다면 현실 세계는 조금도 달라지지 않는다. 인풋은 '뇌 내 세계'만 변화시킬 뿐이다. 현실 세계를 바꾸기 위해선 아웃풋의 양이 절대적으로 중요하다. 눈앞의 현실을 바꾸고 싶다면 끊임없이 쓰고 말하고 행동해야 한다.

자신이 어느 정도 알고 있는지 확인하는 좋은 방법이 있다. 바로 사람들 앞에서 강의하는 것이다. 강의를 해보면 내가 무엇을 알고 무엇을 모르는지 적나라하게 알게 된다. 강의를 열면 수강생이 생기므로 묘한 긴장감도 느끼게 된다. 중요한 건 강의를 준비하는 과정을 통해 강의하는 사람이 가장 잘 알게 되고 가장 오래 기억하게 된다는 것이다.

남이 물어볼 때 자신 있게 설명할 수 있어야 진짜 아는 것이다. 자신의 말로 소화해 요약하면 기억에 오래 남고 언제든 써먹을 수 있다.

예시 1 [강의안 만들기]

•강의 제목 : 책 제대로 읽는 법	
•강의 부제	쓰려고 읽어야 제대로 읽게 된다
•한줄 정리 / 핵심 카피	읽기만 한 사람은 모르는 쓰려고 읽는 사람만 남몰래 누리는 것들
•기획 의도 / 문제 제기 / 강의 소개	1. 책을 제대로 읽지 못하는 사람들이 많다. 2. 무작정 읽기만 하면 될 것처럼 이야기 하는 사람, 다독에 대한 환상을 갖고 있는 사람들이 여전히 많다. 3. 책을 읽고 소감을 말할 때 '좋았다'는 느낌 한 줄로밖에 이야기하지 못한다. 진짜 제대로 읽었다는 건 자신의 언어로 설명할 수 있어야 한다.
•수강자가 얻게 될 이득	1. '쓰려고 읽기'에 관심 갖기 2. 1페이지로 요약하는 압축 기술 3. 나도 할 수 있다는 동기 부여
•추천 대상	책태기를 경험한 사람들

예시 2 [강의안 만들기]

● 강의 제목 : 매일 15분 나만의 아웃풋 만들기	
● 강의 부제	성장은 아웃풋의 양에 비례한다
● 한줄 정리 / 핵심 카피	성장하는 사람들은 모두 아웃풋 한다
● 기획 의도 / 문제 제기 / 강의 소개	1. 무조건적으로 정보를 받아들이는 사람들이 많다. 무작정 인풋만 하면 될 것처럼 이야기 하는 사람도 많다. 2. 중요한 건 인풋이 아니라 아웃풋이다. 이제는 남의 생각을 받아들이는 것을 그만하고 내 생각을 만드는 아웃풋에 집중해야 한다. 3. 하루 15분이면 충분하다. 하루 1퍼센트 시간을 활용하여 나만의 아웃풋을 만들어 내는 노하우를 전수한다.
● 수강자가 얻게 될 이득	1. 하루 15분 아웃풋 루틴 만드는 팁 2. 창작의 즐거움 누리기 3. 나도 할 수 있다는 동기 부여
● 추천 대상	넘치는 정보에 지친 사람, 나만의 작품을 창작 해보고 싶은 사람

•강의 제목 : 기록은 절대 나를 배신하지 않는다	
•강의 부제	하루를 두 배로 사는 법
•한줄 정리 / 핵심 카피	매일 기록하는 사람은 하루도 자신을 잊지 않는다.
•기획 의도 / 문제 제기 / 강의 소개	1. 일상을 무의미하게 흘려보내는 사람들이 많다. 그들에게 기록의 힘을 전달하고 싶다. 2. 너무나 일상이 평범해서 기록할 거리가 없다고 말하는 사람도 많다. 기록할 거리가 생겨서 기록하는 게 아니라 기록을 계속해야 일상이 달라짐을 알려주고 싶다. 3. 하루를 두 배로 사는 이들은 모두 기록하는 사람들이다. 기록은 과거를 돌아보게 하고 미래를 계획하게 하며 일상을 풍요롭게 만드는 마법이다.
•수강자가 얻게 될 이득	1. 삶이 건네는 소소한 기쁨을 알아채는 법 2. 기록으로 쌓는 자기 신뢰 3. 나도 할 수 있다는 동기 부여
•추천 대상	나만의 일상을 기록으로 남기고 싶은 사람 하루를 두 배로 살아보고 싶은 사람 오늘부터 기록을 시작해 볼 사람

실전 **[강의안 만들기]**

● 강의 제목 :	
● 강의 부제	
● 한줄 정리 / 핵심 카피	
● 기획 의도 / 문제 제기 / 강의 소개	
● 수강자가 얻게 될 이득	
● 추천 대상	

4단계
100일 연속 글쓰기

"

시중에는 다양한 글쓰기 프로그램이 있다. 작가와 함께하는 글쓰기 프로그램, 카카오톡 단체 카톡방에서 인증하는 프로그램, 21일 글쓰기, 30일 글쓰기, 100일 글쓰기 등 다양한 프로그램 중 자신에게 맞는 것을 선택하면 된다. 이 중 자신의 이름으로 된 책 한 권을 쓰고 싶은 사람에게 추천하고 싶은 것이 바로 100일 글쓰기다. 100일 버티고 완주한 사람만 누릴 수 있는 것 3가지가 있기 때문이다.

먼저, 생각 근육이 단련된다. 글쓰기는 운동

이다. 힘들다. 글쓰기를 하는 한 단 한 명의 예외도 없다. 누구나 빈 페이지를 마주한다. 이 힘든 작업을 통과한 사람만 저자가 된다. 빈 종이를 마주하든, 모니터를 마주하든 작업의 과정은 동일하다. 한 단어 쓰고 다음 단어를 쓴다. 단어가 문장이 되고 문장이 쌓여 단락이 된다. 처음 100일 글쓰기에 참가하면 머릿속이 하얘지는 경험을 자주 하게 될 것이다. 한 단락 쓰기도 어렵다. A4용지 1페이지를 채우는 치열한 싸움을 계속해야 한다. 머리를 쥐어짜 보기도 하고 생각을 자극하기 위해 산책도 하고 책을 읽어보기도 한다. 글쓰기의 고통은 평소 하지 않던 작은 노력과 시도를 하게 한다. 이런 고통을 마주하고 어떻게든 100일 글쓰기를 끝마칠 때쯤이면 처음과 몰라보게 달라진 자신을 마주하게 된다. 100일 글쓰기가 끝날 때쯤 서너 단락은 아무 거리낌 없이 쓸 수 있는 근육이 붙은 것이다. 가끔은 일필휘지로 휘리릭 문장을 쓰는 경험도 하게 될 것이다.

다음은 감각의 예민함이다. 평소라면 그냥 흘려들을 법한 말이 다르게 들린다. 글을 쓰기 때문이다. 글쓰기는 감각을 예민하게 만든다. 귀가 뜨이고 눈이 보인다. 마치 사진을 찍듯 찰나의 순간을 경험하게 된다. 무감각한 나를 예민한 나로 탈바꿈하는 과정이다. 보고 싶은 것만 보게 하는 알고리즘 렌즈를 눈에서 벗기고 세상의 틈새를 들여다보게 한다. 굳은살처럼 굳은 몸을 글이 툭툭 건드려 고통 감수성을 자극한다. 당연하게 생각한 것들을 당연하게 받아들이지 않게 한다. 글이 주는 감각의 예민함이다.

무엇보다 100일 글쓰기는 나를 신뢰하게 한다. 매일 성실과 무던함으로 한 편씩 완성한 원고는 자기 자신을 믿게 한다. 나란 사람도 노력하면 변할 수 있음을 알게 해주는 것이다. 그 결과가 자기 신뢰다. 자기 신뢰는 세상의 소음으로부터 나를 지켜주며, 남들의 재단하는 말들로부터 자유롭게 해주고, 아무에게도 상처받지 않고 스스로를 지킬 내면의 힘을 갖게 해준다. 글쓰기라는 고통에 품위를 부여하는 행위가 나를 그리 만든다. 하루하루 힘들지만 꾸준히 글쓰기를 이어나가면 나를 믿게 된다. 글쓰기는 마음의 위치를 0.5cm 정도 살짝 옮겨 주는 것 같다. 당장의 삶을 바꿔 주지 않지만 더 근사한 것을 준다. 삶을 받아들일 수 있게 해준다.

100일 글쓰기를 첫 도전에서 완주하기는 어렵다. 나의 경우 다섯 번 도전 만에 겨우 완주에 성공했다. 완주한 사람들에게 어떤 특별한 비법이 있는 것은 아니다. 하지만 한 가지 공통점이 있다. 완주자들은 매일에 충실했다는 점이다. 100일을 완주하겠다 생각하면 상당히 어렵게 느껴지지만 오늘 하루에 충실하겠다 생각하면 쉽게 느껴진다. 마라톤선수들도 42.195킬로미터를 그냥 뛰는 게 아니다. 한 번에 그 긴 거리를 뛰어야 한다고 생각하면 힘이 쭉 빠진다. 대신 이를 여러 구간으로 쪼개놓고 구간별로 목표 시간을 정해놓는다. '이번 5킬로미터는 15분 내에 달려야 해.' 그리고 5킬로미터 구간만 생각하며 달린다. 그럼 몸도 가볍다. 운동생리학자들은 이렇게 잘게 쪼갠 목표들을 '서브 골'이라 부른다. 마라톤에서 사용하는 서브 골을 100일 글쓰기에 적용하면 어떻게 될까? 오늘 하루만 글쓰기에 집중하면 된다.

글을 써야 하는 이유는 한 가지고 쓰지 않아도 될 이유는 백여덟 가지도 넘는다. 하고 싶은 일엔 방법이 보이고 하기 싫은 일엔 핑계가 보이는 것이다. 뇌는 변화를 싫어한다. 익숙함을 추구한다. 위험과 불확실성을 멀리하는 것은 인간의 본성이다. 익숙함에서 멀어질 때면 뇌는 경고 메시지를 보낸다. 일종의 도피 회로가 켜지는 것이다. 주로 두려움이나 의심 같은 부정적인 감정에 반응하는 뇌의 자동 메시지다. '왜 그 일을 하지 말아야 하는가'에 대한 합리화와 함께 말이다. 너무 바쁘다, 준비되어 있지 않다, 시간이 안 맞는다, 실패할 가능성이 높다 등 당신이 제대로 살지 못하도록 집요하게 괴롭히는 이 작은 목소리가 바로 저항이다. 일상에서 변화가 일어날 때일수록 이 저항은 설득력이 더 강해지는 특성이 있다.

저항 앞에서 쉽게 포기하지 않으려면 너무 먼 목표보다 오늘 하루에 집중하는 것이 좋다. 딱 오늘 하루만 쓴다는 마음으로 접근하면 그 마음이 완주를 도와줄 것이다.

완주하지 못한 사람도 100일 글쓰기를 통해 많은 것을 배울 수 있다. 자신을 바로 보게 한다는 점이다. 사람들은 자신에 대한 기대치가 항상 높다. 기대치를 0으로 낮춰야 자신을 똑바로 볼 수 있다. 포기하는 사람은 대부분 대단한 글을 쓰려고 애쓰다 며칠 못가 포기하고 만다. 헬스장에 처음 간 날 의욕이 넘쳐 2시간 운동하려다 다음 날부터 안 가는 것과 같은 이치다. 중도에 포기하고 버티지 못하는 사람은 타인에게 자신의 모든 걸 맡긴 사람이다. '타인(외부)'이라는 시스템이 무너지면 함께 무너지고 마는 것이다. 괴롭고 힘들고 절망적인 상황에서 필요한 것은 타인의 응원과 격려가 아니다. 모든 부정적 상황에서 나를 건져 올릴 수 있는 유일한 사람은 '나 자신'이다.

『멘탈의 연금술』에서 보도 섀퍼는 말한다. "리더는 타인을 이끄는 사람이 아니다. 참된 리더는 자신을 이끄는 사람이다." 나 자신을 스스로 이끄는 리더가 되지 못하면 타인, 행운, 기회, 성공은 언제든 당신을 떠날 만반의 채비를 갖추고 있다는 사실을 평생 잊지 말아야 한다.

100일 글쓰기는 책 제대로 읽기의 '파운데이션Foundation'이다. 기초나 토대를 가리키는 '파운데이션'은 빠져서는 안 되는 중요한 과정이다. 기초 공사를 단단히 다져야 건물이 무너지지 않듯, 100일 글쓰기는 글 쓰는 몸을 다지는 기초공사와 같다. 100일간의 경험을 한번 익혀두면 그다음은 몸이 알아서 기억할 것이다.

자신의 이름으로 책을 내고 싶어 하는 이에게, 꼭 책이 아니더라도 글쓰기를 한 번이라도 꿈꿔본 사람에게, 100일 글쓰기를 추천한다. 100

일 글쓰기는 글과 관련한 기초 체력을 길러주는 훈련이며, 감각을 예민하게 만들어주고, 무엇보다 스스로를 신뢰하는 시간을 갖게 해줄 것이다. 그리고 스스로 자신을 독려하고 성장하는, 나를 이끄는 참된 리더로 당신을 탈바꿈시킬 것이다. 책을 출간하려면 무엇보다 이 3가지가 기본이 되어야 한다.

세상이 빨리 돌아가지만 오랜 세월이 지나도 여전히 변하지 않는 것 중 하나가 바로 글쓰기다. 인생을 마라톤에 비교한다면 마라톤 완주를 목표로 하는 사람들에게 가장 필요한 것은 무엇일까? 올림픽 우승자의 달리기 전략? 첨단 소재로 만들어진 멋진 운동화? 마라톤에 관한 해박한 지식? 탄탄한 근육과 폐활량? 무엇보다 가장 필요한 것은 바로 인내심이다. 100일이란 시간이 나 스스로를 인내하는 시간으로 안내할 것이다.

모든 시작은 의미 있고 가치 있다. 시작은 끝

이 가장 멀리 보이는 지점이다. 결과를 가장 예측하기 어려운 그 지점이 바로 시작점이다. 시작하지 않으면 아무 일도 일어나지 않는다. 시작은 본디 끝을 향해 달리는 것이지만 나는 그것을 완성이라 생각한다. 성공이나 실패냐에 의미를 두지 않는다면 말이다.

'올린ollin'이라는 단어가 있다. 고대 멕시코 원주민 아즈텍족의 단어이다. 이것은 대지를 뒤흔드는 지진이나 거대한 폭풍 같은 강력한 사건을 의미한다. 이 단어는 '집중적이고 즉각적인 움직임'이라는 뜻을 전한다. '올린'은 '지금 곧 온 심장을 다해 움직이고 행동하라'는 의미이다. '올린'을 경험하기 위해서는 올인해야, 즉 모든 것을 쏟아부어야 한다.

"사실 글을 쓴다고 크게 달라지는 것은 없다. 그런데 전부 달라진다." 은유작가가 『글쓰기의 최전선』에서 했던 말처럼 글을 직접 써보면 알게 된다. 크게 달라진 것은 없는데 전부 달라졌다는 걸.

100일 글쓰기 완주에 필요한 3가지

영어 스피킹 프로그램에 참여한 적이 있다. "여러분은 지금 당장 영어로 말할 수 있다"라는 말에 끌려 신청했던 유료 프로그램이다. 100일 간 매일 미션을 달성하면 보상으로 필리핀 항공권이 주어졌다. 참가자들의 열정을 끝까지 유지시키기 위한 특별 조치인 셈이다.

미션 인증 첫날은 참여율이 100퍼센트였지만 이튿날부터 절반이 인증을 포기했다. 실로 놀라운 결과였다. 또한 일주일 정도 지나면 절반에서 또 20퍼센트가 도전을 포기했다. 60일이 지나자 또 포기하는 사람들이 늘었다. 결국 완주자는 처음 참가자의 5퍼센트가 채 되지 않았다.

프로그램 첫 시간에 사명서를 작성한다. 사명서는 앞으로 100일간 나는 내 삶의 최우선 순위로 이것을 하겠다는 의지를 담은 문서다. 이 사명서에는 특별한 것이 한 가지 있다. '만약 100일을 완주하지 못하면 나는 내가 가장 아끼는 ○○을 포기하겠다.'라는 문장이다. 현재 내가 가지고 있는 물건 중에서 가장 아끼는 물건의 리스트를 적으라고 권한다. 당시 난 DSLR 카메라를 적었다. 그리고 카카오톡 프로필 사진을 이 사명서로 교체했다. 강력한 의지의 표시기도 했고 나를 아는 사람과의 약속이기도 했다. 사명서를 카카오톡 프로필로 하라고 했을 때 하지 않던 사람들도 많았다. 이들은 대부분 중도 포기했다.

100일 글을 쓰는 동안에도 하지 말아야 할 것 같은 기분을 매일 마주하게 될 것이다. 나를 방해하는 다양한 저항을 만나게 된다. 이 저항을 현명하게 헤쳐 나가기 위해서는 필요한 것이 있다. 3가지다.

가장 먼저, 손해 볼 무언가를 걸어야 한다. 사람들은 이익보다 손해에 더 반응한다. 손해 볼 무언가를, 잃어버릴 무언가를 걸어야 의지가 지속된다. 양손에 모든 걸 쥐고선 아무것도 새로 얻을 수 없다. 평소 하던 걸 다하면서 자신이 원하는 모든 걸 쟁취할 수 없다는 말이다. 무슨 일이 있어도 완주하겠다면 손해 볼 무언가를 걸어야 한다. 100일 글쓰기 참가자들이 가장 포기를 많이 하는 날은 두 번째 날이다. 첫날은 어떻게든 글을 쓸 수 있다. 하지만 다음 날부턴 생각보다 쉽지 않음을 스스로 깨달아 포기하고 마는 것이다. 작심삼일이 아니라 작심일일이다. 대체로 삶이 그렇다. 쉽게 생각해 시작은 할 수 있지만 그것을 지속하기는 어렵다. 앞서 말한 영어 프로그램에서 사명서를 작성하지 않고 손해 볼 무언가를 걸지 않았다면 나도 완주하지 못했을 것이다. 통로를 차단하는 방법 중에 이보다 더 좋은 방법은 아직까지 발견하지 못했다. 수많은 작은 실패가 모여 발전을 이룬다. 성공의 크기는 얼마나 많이 실패하느냐에 달려 있다. 어떤 사람이 뭔가를 당신보다 잘한다면, 그건 그 사람이 당신보다 그 일에서 더 많은 실패를 맛봤기 때문일 가능성이 크다. 어떤 사람이 당신보다 못한다면, 그건 그가 당신보다 배움의 고통을 덜 경험했기 때문일 가능성이 크다. 성공하고 싶다면 반드시 대가를 지불해야 한다. 인내심이든 도전 정신이든 용기든 노력이든 반드시 대가를 지불해야만 목표를 달성하고 성공을 얻을 수 있다.

다음은 일상의 구조조정이다. 남는 시간에 해야 한다는 생각을 버리고 하루의 첫 시간에 글을 써보는 것이다. 가장 추천하는 건 일어나자마자 책상에 앉아 쓰는 것이다. 일어나자마자 쓰기는 시간이 없어서란 핑계를 댈 수 없게 한다. 하루 일과를 시작하기도 전에 가장 먼저 하는 일이니 성취율 또한 높다. 보통 포기하는 사람들이 가장 잘 꺼내 드는 핑계는 시간이 없어서다. 평소 이런 핑계로 많은 일을 그만둔 사람에겐 이 방법이 가장 효과적이다. 내가 그랬기 때문이다. 하루 첫 시간을 내가 주도하는 시간으로 만들자. 남들에게 방해받기 전 이른 시간에 글쓰기를 시작해야 할 이유다.

마지막은 백업 플랜이다. 백업 플랜은 구체적일수록 좋다. 일상에는 생각지도 못한 일이 발생할 때가 종종 있다. 이럴 때를 대비하기 위해 필요한 것이 백업 플랜이다. 글쓰기의 백업 플랜 중 최고는 '미리 쓰기'다. 블로그 임시 저장 기능을 활용하면 좋다. 임시 저장 기능을 활용해 미리 글을 작성해두면 빈 페이지를 마주할 때보다 훨씬 쓰기가 수월하다. 몇 줄이라도 써진 글에 추가하는 것과 빈 페이지를 처음부터 채우는 것은 아무래도 차이가 난다. 임시 저장 기능을 활용해 자투리 시간에 단 몇 줄이라도 적어보자. 대중교통으로 이동 중에, 엘리베이터를 기다리는 잠깐의 시간에, 다음 원고의 초고를 써보는 것이다. 이렇게 작성한 글은 정말 스케줄이 많은 날이나 예상치 못한 일이 생겼을 때 꺼내서 활용하면 좋다. 나는 20개 정도의 임시 저장 글을 항상 보관한다. 일상에서 마주한 인상 깊은 순간을 사진 찍어서 저장하기도 하고, 인상 깊은 글귀를 적어놓기도 한다. 단톡방에서 봤던 질문을 저장하기도 하고, 책 속에서 발견한 명언이나 사람들의 말도 저장한다. 임시 저장을 한 번도 사용한 적이 없다면 권한다. 이제부턴 임시 저장 기능을 이용해 적어보라고.

기억하자. 시간과 정성을 들이지 않고 얻을 수 있는 결실은 세상에 없다.

꿈을 앗아가는 일등 공신, 미루기의 늪에서 탈출하기

이 밖에도 100일이란 결승선을 통과하기 위해서는 위 3가지와 별개로 유연한 생각과 태도가 필요하다. 이는 완벽주의에서 벗어나기 위함도 있다. 때론 목표를 절반으로 줄이기도 하고 일상에 갑자기 끼어드는 일들을 뒤로 미루기도 해야 한다. 무엇보다 끝까지 해내기 위해 '어떻게 하면 이 목표가 재밌어질까?'를 고민하는 것도 필요하다. 목표에 재미를 더하는 것이다. 나의 경우는 달력에 눈으로 볼 수 있게끔 동그라미를 쳤다.

100일간 뛰어넘어야 할 커다란 장애물 셋이 존재한다. 포기의 유혹, 두려움, 크고 작은 문제의 연속적 발생이 그것이다. 이런 저항은 눈으로 보거나 만질 수 없고 듣거나 냄새를 맡을 수 없다. 하지만 느낄 수는 있다. 저항의 목적은 대상을 밀쳐내고 우리의 관심을 분산시켜 일하는 걸 방해하는 것이다. 저항은 당신이 하는 걸 방해하려고 위증하고 날조하며 왜곡한다. 유혹하고 괴롭히며 부추기기도 한다. 저항은 당신을 속이기 위해서라면 그 어떤 모습으로도 변장할 수 있다. 마치 변호사처럼 당신을 설득하기도 하고 무장 강도처럼 당신의 얼굴에 총을 들이밀기도 한다. 저항은 목적 달성을 위해서라면 무엇이라도 해줄 것처럼 약속한다. 하지만 당신이 등을 돌리자마자 배신할 것이다. 저항의 말에 현혹되어 포기하는 순간 결과는 아무것도 없다. 포기하는 순간 시합 종료인 셈이다.

사실 사람들 대부분 일을 미루는 데 일가견이 있다. 해야 할 중요한 일이라는 걸 알면서도 좀처럼 시작하지 않는다. 연말정산을 하거나 미래 고객들에게 다가가야 할 때도 있고 호기심을 느껴 새롭게 시도하고 싶은 일이 있을 수도 있다. 그러나 먼저 계획을 짜고 난 후로 미뤄버린다. 그렇게 다짐하고 나면 한결 기분이 좋아져 "하루 쉬었다 해야지"라고 말하기 일쑤다. 저항이 자주 사용하는 가장 친숙하고 교묘한 방법이 미루기다. "그만두라"고 직접적으로 말하는 대신, "상황이 좀 나아지면 하자"라고 유혹하는 것이다.

"걱정 마, 이 소설 쓰는 거, 일단 시작만 하면 아주 끝내주게 할 테니까. 하지만 오늘은 햇볕이 좋으니 산책이나 좀 해볼까."라고 말하는 것이다. 분명, 이 '미루기'야말로 꿈을 앗아가는 일

등 공신이다.

100일은 길다면 길고 짧다면 짧다. 내겐 무척 긴 시간이었다. 무엇보다 이 시간을 혼자 통과해야 한다는 점이 그랬다. 하지만 혼자의 시간을 견뎌야 벌레는 나비가 된다. 조금 외롭고 조금 힘겨워도 날개를 만드는 중이라 생각하면 마음이 가벼워진다.

하고 싶은 기분은 영원히 생기지 않는다. 어떤 일을 하고 싶은 마음이 들게 하는 가장 좋은 방법은 그것을 하는 것이다. 직접 행동에 뛰어드는 것은 긍정적인 태도를 불러오는 가장 빠른 방법이다. 뿐만 아니라 익숙하지 않은 일에서 편안한 기분을 느낄 수 있는 유일한 방법이기도 하다. 일단 책상에 앉아 1분만 해보자는 생각으로 타이핑을 시작하자.

성공에는 근성이 필요하다. 또는 그릿grit으로 불리는 성품이 필요하다. 그릿은 펜실베이니아대 심리학자 앤절라 더크워스가 주장한 덕목이다. 더크워스는 투자 은행, 그림, 저널리즘, 학계, 의학 및 법률 분야의 리더들이 비슷한 지능과 재능, 창의성을 가진 사람들보다 어떻게 훨씬 더 많은 성과를 달성하는가에 대해 연구했다. 그녀는 이 연구에서 성공한 리더들의 공통된 성격을 발견했는데 그것을 '그릿'이라고 이름 붙였다.

> 그릿은 장기적 목표에 대한 인내와 열정이라고 정의할 수 있습니다. 도전을 향해 끊임없이 일하는 것이죠. 실패나 역경, 더딘 진척에도 불구하고 일에 대한 노력과 흥미를 잃지 않으면서요. 그릿으로 충만한 사람들은 어떤 일에 대한 성취를 마라톤과 같다고 여깁니다. 이것을 자신의 경쟁력이라고 보는 거죠. 나쁜 사람은 실망이나 지루함을, 궤도를 바꿔서 일을 그만둬야 할 신호라고 생각해요. 하지만 그릿으로 가득한 사람들은 그래도 하던 일을 계속합니다.
>
> (앤절라 더크워스, 『그릿, GRIT』, 비즈니스북스, 2013)

그릿도 사용하면 할수록 계속 강해진다. 그러

니 기분은 서랍 속에서 불평을 쏟아내라고 그대로 두고 나는 그냥 오늘 할 타이핑을 시작하면 된다.

심리학자 닐 피오레는 그의 저서 『지금 바로 실행하라 나우』에서 미루기를 극복하는 방법을 제안했다. '언스케줄Unschedule', 즉 전체 계획을 짜느라 전전긍긍하는 대신, 30분 분량의 일부터 먼저 끝내는 방법이다.

> 작게 생각하십시오. 책 집필을 끝내고 편지를 쓰고 소득세 계산을 마치겠다는 야심찬 계획을 세우지 마세요. 어떤 일에 네 시간이나 계속 매달리겠다는 생각도 버리고요. 대신 30분만 집중해서 양질의 결과를 내겠다는 목표를 세우는 겁니다.
>
> (닐 피오레, 『지금 바로 실행하라 나우』, 랜덤하우스코리아, 2011)

우리 대부분은 중요한 일을 하지 말아야 할 이유를 생각해 내는데 놀라울 정도로 창의적이다. 일을 미루는 것이 유용한 기술이 아니라는 것은 너무 안타까운 일이지만 말이다. 미루기의 해독제는 이 과정을 반대로 하는 것이다. 즉, 매일 시간을 할애해 가장 중요한 일에 능숙해지는 것이다.

이제는 솔직해지자. 하고 싶은 기분이 들지 않아서, 시간이 없어서, 바빠서라는 변명은 세상에서 가장 쓸데없는 시간 낭비다. 실천하지도 않을 계획을 세우느라 30분을 낭비하지 말자. 계획을 세우지 말고 책상에 앉아 오늘 할 30분의 분량을 타이핑하자.

100일 글쓰기가 알려주는 것 – 성공은 직선이 아니다

양복을 입은 한 남성이 계단을 천천히 오른다. 계단 오르기가 힘들어서일까. 몸을 휘청거리더니 남성이 계단 옆으로 떨어진다. 다행히 떨어지는 곳은 트램펄린이다. 그는 반동을 이용해 다시 계단 위로 튀어 오른다. 남자는 튀어 오른 계단에서 다시 정상을 향해 춤을 추듯 오르고, 내린다. 다시 트램펄린이 있는 바닥으로 떨어지고, 다시 튀어 오르기를 반복한다. 이 남자는 무엇을 애기하려는 것일까. 목표를 향해 가지만 도달하기 쉽지 않은 우리 인생을 이야기하는 것은 아닐까. 계단을 오르고 내리고 떨어졌다 다시 오르기를 반복하던 남자가 마침내 정상에 이르렀을 때, 숨죽여 그를 보던 관객들이 박수를 보낸다.

1분 30초짜리 이 공연 영상은 소셜 미디어에 공유되며 국내외에서 화제가 되었다. 프랑스의 행위예술가 요안 부르주아의 공연이다. 영상에 붙은 제목은 '성공은 직선이 아니다Success isn't linear'이다. 성공을 향한 과정은 직선이 아님을 영상을 통해 분명하게 전달한다. 늘 앞으로만 전진할 수 없고 때론 인생의 바닥으로 떨어지기도 한다는 내용을 말이다.

100일 글쓰기도 이와 다르지 않다. 처음엔 100일 글쓰기에 도전하는 이들 모두가 완주를 확신한다. 자신에 대한 기대치가 높은 것이다. 하지만 시간이 지나면 탈락자가 속출한다. 결국 참가자 중 완주를 해낸 이들은 5퍼센트도 되지 않는다. 요안 부르주아가 공연을 통해 보여주듯, 쉽다는 혹은 직선일 것이라는 단단한 착각을 멈추고 고통스러움을 감내한 사람만이 완주의 기쁨을 맛볼 수 있다. 완주는 매 순간이 고통이지만 그 과정을 견딘 자에게 주어지는 선물이다.

'불광불급不狂不及', 미치지 못하면 미치지 못한다.

여러분은 무언가에 미쳐본 경험이 있는가? 태어나 한 번이라도 미쳐본 적 있는가? 적당히 노력해서 성공할 수 있다면 대부분 사람은 이미 성공했을 것이다. 이는 적당한 노력으로는 성공하지 못한다는 말과 같다. 한 번이라도 미쳐본 적이 없는 사람이 정말 미친 사람이 아닐까?

무언가에 미친 듯이 몰입해본 적 있는가? 아무도 보고 있지 않아도, 누가 시키지 않아도, 자신의 목표를 향해 앞으로 나아가는 이들이 있다. 이들은 남들에게 인정받는 것보다 스스로에게 인정받는 것을 더 중요하게 생각한다. 처음부터 미치는 사람은 없다. 처음엔 누군가를 흉내 내다가 그 횟수가 반복되면서 조금씩 미쳐가기 시작한다. 그러다 어느 순간엔 완전히 몰입하게 된다. 미치는 것도 노력으로 가능하다.

세계 최고의 농구 선수로 꼽히는 코비 브라이언트의 목적은 분명했다. 역사상 가장 뛰어난 농구 선수 중 한 명이 되는 것이다. 그것 말고는 시간을 쏟을 여력이 없었다. 농구가 그에겐 가장 중요했고 농구 한 가지만을 위해 모든 것을 쏟아부었다. 말 그대로 농구에 미친 것이다. 그가 봤던 모든 것, TV, 책, 만나는 사람, 그 모든 것은 어떻게 하면 최고의 농구 선수가 될 수 있는지 배우기 위함이었다. 새벽 4시에 일어나 6시까지 농구를 하고 아침 식사를 한 뒤 다시 9시부터 11시까지 농구를 하고 점심을 먹는다. 그리고 오후 4시부터 6시까지 다시 농구 연습을 한다. 이렇게 매일 5년만 한다면 전 세계 누구를 갖다 놓는다 해도 실력의 격차가 분명하게 드러

날 것이라 코비는 말했다.

행복의 이면에는 고통과 슬픔이 있다. 다시 말하면 고통과 슬픔이 있어야 행복을 느낀다는 말이다. 행복하려면 고통과 슬픔의 과정을 견뎌야 하고 그것을 넘어서야 한다. 잠깐의 쾌락으로는 진정한 행복을 얻지 못한다.

기대와 행동 사이에는 두려움과 망설임이 있고, 예측과 실현 사이에는 괴로움과 어려움이 있다. 멈추지 말고 계속 도전하자. 미치지 못하면 미치지 못한다. 당신은 이번 생에 한 번이라도 모든 걸 걸어본 것이 있는가? 만약 없다면 오늘부터 목표를 종이에 적고 매일 조금씩 목표에 미치기 위해 노력하자. 꿈부터 다시 써보자. 서두르지 말고 매일 자신이 원하는 목표를 향해 나아가자. 매일 새로워지는 나를 만나자.

예시 [당장 시작하는 100일 글쓰기]

● 기간	2023. 1. 1. ~ 4. 10.
● 완주했을 때의 보상	제주도 3박 4일 여행권
● 완주하지 못했을 때 포기할 것	아이패드 동생에게 양도하기
● 하루 중 글쓰는 시간	오전 6시~7시 (1시간)
● 백업 플랜	1. 임시 저장 기능에 글감 3개 저장하기 2. 버스나 지하철에서 틈나는대로 초고 쓰기 3. 쓰기 힘들 땐 사진 찍어서 장면 기억하기
● 자주 하는 핑계	1. 이거 해서 무슨 이득이 있겠어? 2. 재능도 없는 내가 무슨 글쓰기야? 3. 나중에 시간날 때 해야지.

[실전] 당장 시작하는 100일 글쓰기]

● 기간	
● 완주했을 때의 보상	
● 완주하지 못했을 때 포기할 것	
● 하루 중 글쓰는 시간	
● 백업 플랜	
● 자주 하는 핑계	

5단계
한 가지 주제로 쓰기

"

　마지막 단계는 하나의 글을 써보는 것이다. 대부분은 하나의 주제로 글을 써본 경험이 없을 것이다. 논문이나 책을 써본 이들이거나 칼럼 혹은 소설을 연재하는 사람들이 아니라면 말이다. 보통의 사람이라면 엄두도 못 내는 일을 이들은 어떻게 계속할 수 있을까? 특별한 재능이 있어서 그런 것일까?

　하나의 주제로 글을 쓰기 시작한 이들은 처음엔 번뜩이는 아이디어 하나 혹은 두 개로 출발한다. 많아야 세 개고 정말 많다면 10개 이내다.

그런데 쓰다보면 자신의 아이디어가 점점 고갈된다. 더 이상 혼자만의 생각으론 분량을 채울 수가 없다는 걸 알아차린다. 소재 고갈의 문제가 생긴 것이다. 이 문제를 어떻게 해결해야 할까? 가장 먼저 하는 건 스스로에게 질문을 던지는 것이다. '문제가 생겼네. 어떡하지?' 질문을 받은 뇌는 답을 찾아내기 위해 동작을 실행한다. 그 뒤 이상한 일이 일어난다.

이런 경험이 있을 것이다. 어떤 옷이나 자동차를 사고 나면 갑자기 여기저기에서 내가 산 것과 똑같은 옷이나 자동차가 눈에 뜨이기 시작한다. 왜 그럴까? 그전에는 그것이 없었을까? 그렇지 않다. 전에도 있었다. 신발을 사야겠다고 마음을 먹었더니 사람들의 신발만 보이는 경험, 후드 티를 사야겠다고 마음먹었더니 사람들의 옷만 뚫어지게 쳐다보게 되는 경험 말이다. 이런 일을 하는 것이 뇌 속에 있는 망상 활성화 시스템, 즉 RAS 기능이다.

하나의 주제로 글을 쓰다보면 RAS가 던져주

는 무언의 메시지를 경험하게 된다. 내가 주로 이용하는 건 자다 깬 순간의 메시지다. 머릿속에 처음으로 떠오르는 단어, 혹은 문장이 있다. 이 문장을 시작으로 곧바로 책상에 앉아서 글을 쓰기 시작한다. 기막힌 아이디어일 때도 있고 비유일 때도 있으며 문장일 때도 있다. 하나의 주제로 글을 쓰다 막힐 때 책을 읽는 경우도 그렇다. 글 쓰다 막힐 때 책을 펴서 읽어보면 신기한 경험을 하게 된다. 책의 내용은 눈에 안 들어오고 지금 내가 쓰는 글에 필요한 특정 단어가 눈에 들어온다. 마치 굵은 볼드체 표시를 한 것처럼 필요한 단어들이 선명하게 눈에 들어온다. 현재 내가 쓰고 있는 주제와 관련된 책이어도 좋고 아니어도 상관없다. 이미 활성화된 RAS는 내가 쓰는 주제에 맞춰져 있으므로. 뇌는 끊임없이 내가 쓰는 주제에 대해 해답을 제시하기 위해 동작한다.

질문도 미찬가지다. 질문을 받은 뇌는 끊임없이 질문에 대한 해답을 찾기 위해 애쓴다. 그러면서 우리의 눈과 귀를 예민하게 바꾼다. 평소에는 지나칠 법한 사람들의 대화를 관찰하게 하고, 아무 목적 없이 시청하던 유튜브를 유심히 들여다보게 한다. 이 모든 것이 문제해결을 위한 일종의 동작인 셈이다. 문제 발생 시점에 마주한 책에서 내 주제에 관련된 문장들만 보이고 일상에 마주치는 모든 순간이 자기 글의 소재로 보인다. 단톡방에 올라오는 짧은 글도 소재로 보이고, 평소 자주 보던 유튜브 영상도 소재가 된다. 사람들과의 대화도 그렇다. 현재 보고 듣고 느끼는 모든 것을 연관 지어 생각할 수 있게 되는 것이다.

예를 들어 유튜브를 보다가 출연자들이 던지는 대사를 듣고, 자신의 주제에 부합되는 이야기로 각색을 할 수 있다. 인스타그램에 올라오는 짧은 글들도 주어를 바꿔 자신의 주제로 고쳐 쓸 수 있다. 세상 모든 것이 도서관화 되는 것이다. 매일 만나는 주변의 모든 것이 도서관이라니. 온몸이 찌릿찌릿 행복할 것이다. 끊임없이 하나에 대해 생각하는 시간이 주는 선물이다. 한 가지 주제로 글을 써보지 못한 이들은 이 경험을 절대 할 수가 없다. 하나의 주제로 책을 써본 사람만이 닿을 수 있고 누릴 수 있는 것이다.

RAS는 퇴고 시에 엄청난 힘을 발휘한다. 하나의 주제로 글을 쓰는 이에겐 초고도 힘들지만 퇴고는 3배 더 힘이 든다. 자신의 원고를 보고 또 보고 심지어 수정까지 해야 하기 때문이다. 하지만 자신의 원고를 되풀이해 읽는 과정에서 무의식이 필요한 것과 부족한 것을 툭툭 던져준다. 이 또한 RAS의 진가다. 원고에서 부족한 부분을 감지한 뇌는 필요한 내용을 적재적소에 던져준다. 모든 초고는 쓰레기일지 모르지만 퇴고 과정을 거치면서 하나의 작품으로 변신한다.

『무라카미 하루키 잡문집』에는 이런 내용이 나온다.

굴튀김에 관한 글을 써보면, 당신이 굴튀김이라는 소재를 얼마만큼 깊숙이 알고 있는지, 또는 얼

마나 모르고 있는지가 그대로 글로 드러나기 마련이다. 다시 말하면 글이란 결국 정확히 작가가 가진 것만큼을 내놓는 일이다. 작가가 가진 깊이만큼의 그릇에, 작가의 경험과 세계관을 통해 만들어진 생각들을 채워 넣는 일이다.

(무라카미 하루키, 『무라카미 하루키 잡문집』, 비채, 2011)

　처음부터 완벽하게 재료와 구성을 마치고 글을 쓰는 작가는 없다. 쓰면서 채워나가는 것이다. 그러니 '글을 어떻게 채워야 하지?' 고민할 필요가 없다. RAS가 도와줄 테니까. 걱정은 서랍 속에 넣어두고 지금 해야 할 일은 내가 10분 동안 떠들 수 있는 주제를 먼저 찾아보는 것이다. 의외로 쉽게 발견할 수 있을 것이다. 사람들이 내게 자주 묻는 것, 그것이 당신의 콘텐츠이기 때문이다.

〈 RAS Reticular Activating System(망상 활성화 시스템) 〉

RAS는 포유류 뇌의 한 영역이다. 척수를 타고 올라오는 감각정보를 취사선택해 대뇌피질로 보내는 신경망을 말하는데, 주로 중뇌에 집중되어 있다. 그물처럼 퍼져 있기 때문에 그물

구성체라고도 한다. RAS는 수면, 각성, 호흡, 심장박동, 행동 유발 등 인간 생체의 여러 중요한 기능을 관장한다. 성적 흥분, 섭식과 식욕 몸속 찌꺼기 배출, 의식 통제, 주의집중력에도 관여한다. 후각을 제외한 감각기관으로 입력되는 거의 모든 정보가 RAS를 거쳐 뇌로 들어간다. 이 관문에서 정보가 걸러지므로 RAS는 뇌의 게이트 키퍼라고 할 수 있다. 어떤 정보는 뇌로 보내고 어떤 정보는 무시할지 RAS가 결정한다. RAS는 우리의 인식 내용과 각성 수준에 지대한 영향을 미친다. RAS는 '주의의 사령탑'이라고도 하고 뇌의 검색엔진이라 부르기도 한다. RAS는 자극을 받으면 대뇌피질 전체에 "일어나! 조심해! 세세한 부분까지 놓치지 마!"라는 신호를 보낸다. 그러면 뇌는 그 대상물에 집중력을 높이고 적극적으로 수집하기 시작한다. 마치 검색엔진 '구글'에 키워드를 입력하듯이 말이다.

　20세기 중반 생리학자들은 뇌의 깊은 곳에 정신적 각성, 주의력과 기민성, 동기부여를 관장하는 모종의 구조체가 있다는 설명을 내놓았다. 과학계가 RAS의 존재에 처음 눈을 뜬 것이다. 1949년 이탈리아 피사대학교의 모루치Moruzzi와 마군Magoun이 뇌의 수면-각성 메커니즘을 조절하는 신경 성분을 조사한 결과를 과학학술지『뇌파검사와 신경생리학』창간호에 발표한 것이 계기가 되었다. 이들의 연구는 결국 RAS의 발견으로 이어졌다.

●주제	독서법
●제목	쓰려고 읽어야 제대로 읽게 된다
●부제 / 카피	읽기만 해본 사람은 절대 알지 못하는 것들, 계속 성장하는 사람들의 비밀
●대상 독자	독서 권태기를 겪어본 사람, 책을 제대로 읽고자 하는 사람, 책을 읽어도 변화가 없는 사람
●기획 의도 / 문제 제기	1. 다독에 대한 환상을 품은 사람들이 많다. 2. F자형 읽기에 익숙해진 이들이 많다. 제목 낚시에 당해 본문 내용을 건너뛰고 자신이 이해한 바가 옳다며 여기저기 퍼나르는 사람들이 늘었다. 3. 스스로 생각하고 검증하지 않으면서 남들이 주는 정보를 무작정 믿는다.
●이 글을 통해 전달하고 싶은 내용	1. 목적 있는 읽기를 통해 책을 제대로 소화하고 자신에게 적용하기 2. 읽은 내용을 감상으로 끝내지 않고 실천하기 3. 세상의 무분별한 잣대에 휘둘리지 않고, 정보성 제목에 미끼를 물지 않게 하며, 나만의 시각을 갖게 하기

● 주제	나만의 취미 생활, 살사
● 제목	삶이 춤이 된다면
● 부제 / 카피	춤추라, 아무도 보고 있지 않은 것처럼
● 대상 독자	일상의 무료함에 지친 이들, 재밌는 취미를 찾는 이들
● 기획 의도 / 문제 제기	1. 무기력하다, 아무것도 하기 싫다, 의욕이 없다는 사람들이 많다. 2. 무료함에 빠져 지내는 이들을 주변에서 많이 본다. 3. 작은 화면 속에 하루 종일 시선을 빼앗겨 지내는 이들에게 춤이라는 새로운 세계를 보여 주고 싶다.
● 이 글을 통해 전달하고 싶은 내용	1. 지루하게 살지 말고 재밌게 살자. 2. 한 번뿐인 인생, 남의 시선에 휘둘리지 말자. 3. 내 마음속의 CCTV를 끄고 이제부터 마음껏 춤추자.

실전 [한 가지 주제로 쓰기]

• 주제	
• 제목	
• 부제 / 카피	
• 대상 독자	
• 기획 의도 / 문제 제기	
• 이 글을 통해 전달하고 싶은 내용	

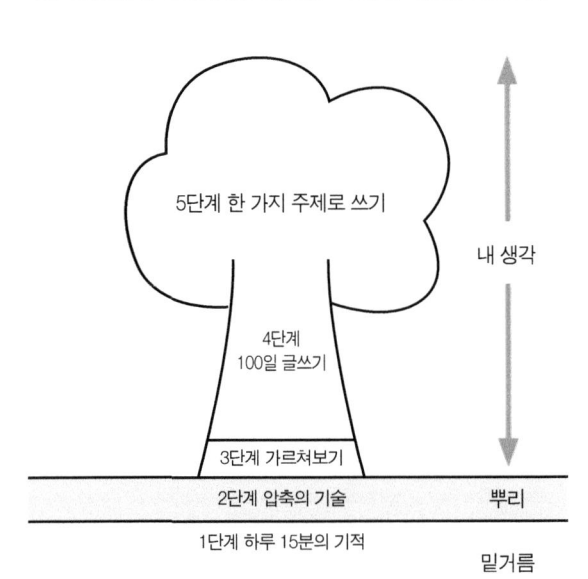

5단계 한 가지 주제로 쓰기

4단계
100일 글쓰기

3단계 가르쳐보기

2단계 압축의 기술

1단계 하루 15분의 기적

내 생각

뿌리

밑거름

책 제대로 읽는 법　　3장

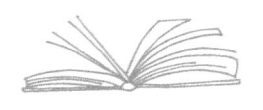

제대로

읽으면 이렇게 된다

영감과 뮤즈
세상 모든 이야기가 글감이 된다
쓰는 사람은 질문부터 다르다

영감과
뮤즈

"

창조적 영감과 기발한 아이디어는 언제 탄생
할까? 앞서 소개한 2장의 3단계, 4단계, 5단계를
실행한 사람이라면 가끔씩 떠오르는 기발한 생
각을 경험했을 것이다. 실제로 이 책의 원고 절
반이 그렇게 탄생했다.

처음 창조적 영감이란 단어를 접한 건 『메모
습관의 힘』을 읽었을 때였다. 무척 신기한 메시
지여서 관심이 생겼다. 그런데 그 영감이란 것
이 도무지 나에겐 찾아오는 법이 없었다. 두 번
째 읽으면서 내가 큰 실수를 했다는 것을 깨달

았다. 그 실수란 바로 영감을 메모하지 않았던 것이다. 이후 영감 비슷한 생각이 떠오를 때마다 메모를 했더니 한 달 기준으로 2~3번 정도 기발한 생각이 나를 찾아왔다.

tvN <알쓸신잡>에서 정재승 박사와 김영하 작가가 영감과 뮤즈에 대한 이야기를 나누는 에피소드가 있다. 정재승 박사는 에디슨의 명언을 일반적인 해석과 다르게 해석한다. 에디슨의 유명한 말은 이것이다. "천재는 1퍼센트의 영감과 99퍼센트의 노력으로 만들어진다."

천재는 어떻게 만들어진다는 뜻일까? 대부분의 사람은 노력이 중요하다고 해석한다. 그런데 아니다. 에디슨의 명언이 탄생한 인터뷰에서 잡지사 기자는 에디슨의 성공 비결에 대해 물었다. 에디슨은 이렇게 대답했다. "99퍼센트가 노력이죠. 많은 사람들이 노력합니다. 그런데 저는 그들이 가지고 있지 않은 1퍼센트의 영감이 있습니다"라고.

그들이 가지고 있지 않은 1퍼센트의 영감이 바로 핵심 포인트다. 에디슨은 자신의 노트에 실험 결과뿐 아니라 영감 비슷한 것들이 떠오를 때마다 그것을 받아 적었다. 에디슨은 무의식의 메시지를 받아 적는 걸 진작부터 실천했던 사람이었다. 에디슨이 기록으로 남긴 노트 분량은 500만 페이지가 넘는다고 알려져 있다.

소설가 스티븐 킹의 명언도 살펴보자. "뮤즈를 기다리지 말고 대신 뮤즈가 몇 시까지 오는지 알려줘라." 즉, 정해진 시간에 일을 하라는 것이다. 영감이란 규칙적이고 반복적으로 어떤 일을 할 때 찾아온다. 마치 뮤즈가 택배 기사인 것처럼 말이다.

누적 관객 1억 명, 믿고 보는 대체 불가 배우 황정민은 어떻게 배역을 소화하냐는 질문에 이렇게 답한다. 기본적으로 역할을 맡으면 사람들을 만나서 취재한 뒤 노트 한 권 분량에 내용을 정리하고 끊임없이 노트를 보면서 그 배역에 대해 떠오르는 자신만의 생각을 정리한다고 한다. <달콤한 인생>에서 단 5분 정도의 4씬 분량을 소화하기 위해, 잠깐이지만 관객에게 인상을 각인시키기 위해 얼굴의 흉터를 제안했으며 그 역할로 여러 영화제에서 남우조연상을 받았다. <국제 시장> 때는 탑골공원에서 노인들의 모습을 찍고 인터뷰하며 끊임없이 자료를 보고 연구하면서 자신만의 연기 스펙트럼을 만들었다고 한다. 이런 노력으로 지금의 대세 배우가 된 것이다. 이는 글 쓰는 이에게도 마찬가지다. 한 가지 주제에 대해 끊임없이 생각하면 뮤즈가 찾아온다.

소설가 김영하는 인터뷰에서 과학적 용어를 사용하는 대신 이런 걸 빗대 무의식이 던져주는 메시지라 표현했다. 자신이 캐릭터를 만들고 상황을 설정했지만 어느 순간이 지나고부터는 메시지를 그냥 받아 적은 것뿐이라며.

생각해 보자. 평소의 나라면 상상도 못 할 아

이디어를 기록하는 그 느낌을. 슈퍼컴퓨터인 우리 뇌가 던져주는 창의적 아이디어의 순간을. 이런 순간의 기쁨은 말로 표현이 안 된다. 글로도 말이다. 영감과 뮤즈의 비밀은 직접 경험하는 수밖에 없다. 하나의 주제로 계속 글을 써보면 만날 수 있다.

불현듯 스치는 좋은 아이디어 혹은 영감이 떠오를 땐 어떻게 해야 할까? 간단하다. 영감이 떠오르면 하던 행동을 잠시 멈추고 곧바로 그 생각을 적어두어야 한다. 만약 이때 받아 적지 않으면 다시 영감이 찾아오는 순간까지 꽤나 긴 시간을 다시 기다려야 한다. 영감은 내 안에 지켜보는 자가 던져주는 메시지다. 지켜보는 자는 들을 준비가 되어 있는 사람에게만 계속 메시지를 던져준다.

영감이 떠올랐는데 그냥 지나쳤던 사람이 있을 것이다. 그리곤 책상에 앉았다가 후회했을 것이다. 분명 좋은 아이디어가 떠올랐는데 막상 적으려고 하니 어떤 생각인지 잊어버린 것이다. 떠오른 순간에 받아 적지 않아서 그렇다. 앞으로는 영감이 떠오르면 무조건 하던 걸 멈추고 받아 적어보자. 그래야 내 안에 지켜보는 자가 '이 친구는 받아 적을 준비가 되어있군' 하면서 계속해서 영감을 던져줄 것이다.

한근태 작가는 주로 길을 걷다가 영감을 자주 얻는다고 이야기한다. 그래서 항상 수첩을 휴대하고 다니면서 적을 준비를 한다. 길을 걷다가 만약 한근태 작가를 본다면 이상한 사람이라고 생각할 것이다. 혼자 걷다가 무언가 깨달은 듯 고개를 끄덕이고 수첩에 뭔가를 적고, 또 몇 걸음 걷다가 같은 행동을 반복하니 그렇게 보일만도 하다.

어느 날은 친구를 만나러 가는 길에 영감이 떠올라 그 자리에서 고개를 끄덕이며 혼자 노트에다 메모했다고 한다. 심지어는 약속을 취소하고 집으로 돌아가 머릿속에 떠오른 영감들을 마구 받아 적었다고 한다.

특정 시간에 규칙적인 행동을 하면 영감이 떠

오를 확률이 더 올라간다. 정해진 시간에 일을 하는 것처럼 글쓰기도 시간을 정해서 하는 편이 낫다. 무라카미 하루키가 오전 4시간 동안 글쓰기를 반복하는 데에는 다 이유가 있었던 것이다. 강원국 작가도 마찬가지다. 주로 오전에 글을 쓰는데 매일 일정한 시간에 쓰다 보면 처음엔 뇌가 글감을 안 주다가도 계속 반복하면 뇌도 지쳐서 포기하고 글감을 던져주기 시작한다고 한다. 그리고 그런 뇌에게 보상으로 막걸리 한 통을 선물했다는 우스갯소리를 한다. 실제로 이 책의 원고는 새벽 4시에서 7시 사이에 대부분 완성했다.

나의 경우는 길을 가다 영감이 떠오를 땐 노선Notion에 메모한다. 처음엔 에버노트에 메모했는데 구조화가 불편해 노선으로 바꿨다. 올인원 워크스페이스인 노선의 장점은 구조화 뿐 아니라 데이터베이스 기능을 활용할 수도 있다는 점이다. 한 곳에 모아서 다양한 형태로 변환이 가능하다. 지금은 주로 노선 한 곳에 떠오른 영감을 모은다. 모은 뒤 수시로 보면서 구조화 작업을 한다.

아침에 눈뜨자마자 좋은 아이디어들이 떠오를 때가 있다. 그럴 땐 얼른 책상에 앉아 '나를 방해하는 나'가 깨어나기 전에 최대한 빠르게 한글 프로그램에 떠오른 영감을 타이핑한다.

사람들과 대화하다가도 영감이 떠오를 때가 있다. 주로 새로운 사람을 만날 때 그렇다. 대화하다가 번뜩이는 생각이 스치면 상대방에게 양해를 구하고 스마트폰에 메모한다. 사람들의 말은 듣는 순간 사라지기 때문이다. 누군가 내 말을 주의 깊게 듣고 적극적으로 메모하는 사람을 본 적이 있는가. 자기 말을 주의 깊게 받아 적는 사람을 싫어하는 사람이 어디 있겠는가. 사람들은 자기 말을 앞에서 받아 적는 상대를 좋아하게 된다. 가장 적극적으로 경청하는 사람이기 때문이다. 이런 사람이 앞에 있다면 더 재미있고 흥미로운 이야기를 해주려고 노력할 것이다. 한때 사람들의 말을 녹음해본 적이 있었는데 녹음은 다시 듣지 않는다는 걸 알게 된 뒤로 더 이상 하지 않는다. 이제는 바로바로 메모하는 것이 습관이 되었다.

영감은 단톡방을 관찰하다가도 찾아온다. 주로 '질문'을 보게 될 때다. 질문을 보면 다이널리스트에 질문을 메모한다. 이렇게 모은 것을 가지고 틈틈이 글을 쓴다. 혼자 답을 찾지 못할 때는 검색을 한다. 유튜브, 구글, 책을 검색해서 본다. 검색한 결과에 나만의 경험을 더해 한 편의 글을 완성한다.

영감은 책상 앞에 앉아 있을 때만 떠오르는게 아니다. 침대맡, 화장실, 버스 안, 지하철 등시간과 장소를 가리지 않고 떠오른다. 그 순간바로 메모하지 않으면 그냥 사라져버린다. 그리고 자신에게 던져준 아이디어를 소중히 받아 적지 않고 그냥 내버리는 걸 알게 되면 잠재의식이 더 이상 아이디어를 던져주지 않는다. 영감은 항상 메모할 준비가 된 자에게 주어진다. 메모하지 않는 사람들에게 좋은 아이디어가 떠오르는 일이 별로 없는 이유다.

유명 작가는 어느 날 갑자기 영감을 받아서

일필휘지로 글을 쓴다고 오해하는 이들이 많다. 그들에게는 뭔가 특별한 능력이 있다는, 일종의 작가에 대한 환상이다. 하지만 그들의 책이나 인터뷰, 관련 영상을 보면 정말 '치열하게' 메모하고 기록한다는 것을 알 수 있다.

어쩌면 작가란 메모를 해야만 하고, 할 수밖에 없는 숙명을 가진 사람들이다. 소설을 쓰기 위해 소재와 스토리를 만들 때 그들이 기록한 메모는 주인공의 캐릭터를 만드는 중요한 정보가 되기도 하고, 녹음했던 새소리와 영상 촬영은 작품의 배경이 되기도 한다. 그러니 메모와 기록을 멈출 수 없다. 아니 할 수밖에 없다. 인간의 기억력이 가진 한계로는 그 모든 것들을 다 세세히 기억할 수는 없으니 말이다. 따라서 글을 쓰는 이들에게 메모하는 행위는 작품을 쓰기 위한 절박한 몸부림이다.

일러스트 작가 크리스토프 니만은 이야기한다. "영감에 따라 움직이는 천재들과 비교하다 보면, 계획을 세워 성실히 손을 움직이는 일이 그리 멋져 보이지는 않을 것이다. 하지만 계획과 성실함이야말로 우리가 미쳐버리지 않을 수 있는 완벽한 전략이다."

사람마다 모두 다르겠지만, 어떤 것을 만들어 내려고 책상에 앉아 머리를 싸매고 있는 것보다는 이렇듯 뭔가 행동하고 실천할 때, 또는 휴식을 취할 때, 영감이 자주 떠오른다. 아이디어는 어떤 일을 하는 도중에 갑자기 나오는 경우가 많다. 가만히 앉아서 위대한 창작 아이디어가 떠오르기를 기다린다면 무척 오랫동안 앉아 있어야 할 것이다. 반대로, 묵묵히 작업을 하다 보면 그 과정에서 생각도 떠오르고 일도 벌어진다. 사람들은 작업을 본격적으로 시작하기 전에 뭔가 그럴싸한 멋진 아이디어가 있어야 할 것 같다고 생각하지만, 무슨 작품이든 그런 식으로는 잘 나오지 않는다.

창조적 영감과 기발한 아이디어는 창작자들에게 주어지는 선물 같은 것이다. 무라카미 하루키가 야구장에서 첫 소설의 아이디어를 떠올린 것, 봉준호 감독이 <기생충>의 초고를 5분 만에 카페에서 완성한 것, 이런 것들이 바로 영감이다. 특별한 사람에게만 찾아오는 것이 아니라 모든 창작자는 이것을 경험한다. 그래서 끊임없이 작품을 생산하는 것이다. 그들이 특별해서가 아니다. 그들처럼 하나의 주제에 대해 계속 생각하면 당신에게도 영감의 뮤즈가 찾아올 것이다.

세상 모든 이야기가
글감이 된다

"

　쓰기 위해 읽는 사람의 독해는 다르다. 쓰지 않는 사람의 읽기가 '활자 읽기'라면 쓰는 사람의 읽기는 '상황 읽기'로 달라진다. 쓰는 사람은 관찰자의 눈을 갖기 때문이다. 눈뿐만 아니라 귀, 생각, 마음도 달라진다. 텍스트에 감응하는 몸으로 변한 것이다.

　먼저 눈이 예민해진다. 글의 시작을 어떻게 했는지, 어떤 문제점에서 출발했는지, 저자가 제시하는 해결책은 무엇인지, 어떤 예시를 가져왔는지, 어떤 비유를 썼는지, 어떤 창의적 해석을 덧붙였는지, 글의 전체를 본다. 이렇게 읽으면 글쓴이의 처지가 보이고 문제의식에 깊게 공감할 수 있다. 또한 글 전체 구조를 보는 눈이 생긴다. 글이 어떤 흐름으로 전개되는지, 예시는 설득력이 있는지, 결론은 어느 부분에 있는지 자연스레 살핀다.

다음은 귀다. 나와 반대되는 생각도 잘 듣는다. 반대 생각을 듣고 내 생각과 비교한다. 쓰지 않았을 땐 잔소리로 들렸던 말도 새롭게 들린다. 들은 말을 모아 글로 써본다. 써보면서 상대방의 입장에서 생각한다. 왜 그렇게 이야기할 수밖에 없었는지, 말 못 할 사정은 없었는지 상대의 입장에서 바라본다. 그러면서 상대 입장도 충분히 알게 된다.

그다음은 생각이다. 나만의 비판적 생각을 갖는다. 책을 소비하듯 읽는 독자는 비판적 생각을 가질 수 없다. 책의 논리 구조에 따라 설득당하기 때문이다. 그런데 비판적으로 책을 읽으라니, 아이러니하다. 비판적 생각을 가지려면 먼저 쓰는 사람이 되어야 한다. 비판적 생각을 가진 사람들은 모두 쓰는 사람들이다. 서평가, 평론가, 칼럼니스트 그리고 저자. 이렇듯 오직 쓰는 사람만이 비판적 시각을 가질 수 있다. 다시 이야기하면 쓰는 사람만이 균형 잡힌 시각을 가질 수 있다는 거다. 쓰는 사람은 다양한 정보를 유심히 살피고 거기에 없는 시각을 뽑아내는 데 익숙한 사람들이다. 독서법 책에 등장하는 비판적으로 읽기는 쓰기가 전제될 때만 가능하다. 이동진 평론가를 예로 들어보자. 영화 평론을 유심히 읽어보면 외국의 다른 영화 사례, 다른 감독의 사례들이 등장한다. 왜 다른 사례들을 등장시키는 것일까? 바로 비교하기 위함이다. 다른 영화에는 없는 차별점을 부각하기 위함이다. 이런 사례를 어떻게 발견했을까? 검색하거나 자료를 찾거나 영화를 직접 보면서 찾아야 한다. 한 편의 평론을 쓰기 위해선 여러 다양한 자료 취합이 필수라는 이야기다. 평론가의 직업상 일상의 대부분을 보는 것에 쓴다. 한데, 일반

인인 우리는 그렇게 할 수가 없다. 만약 이동진 평론가가 쓰는 직업을 가지지 않았다면 차별점은 찾는 것이 가능했을까?

마지막은 마음이다. 작가는 세상 모든 것에 관심을 갖는 사람이라고 수전 손택은 말한다. 원래부터 작가라 세상에 관심을 갖는 게 아니라 세상에 관심을 갖는 사람이 작가가 된다는 뜻으로 나는 해석한다. 작가는 평범한 일상을 여행하고, 느끼고, 쓰는 사람이다. 보고 듣고 느낀 것을 자기만의 언어로 만들어 세상과 접점을 넓혀가는 사람이다. 세상과 많이 부딪치고 아파하고 교감할수록 자기가 거느리는 정서와 감각과 지혜가 많아지는 법이다. 쓰기는 그렇게 존재의 풍요에 기여한다. 작가는 평범한 사람을 살아있게 만들고, 우리는 모두 평범하면서도 특별한 존재라는 사실을 일깨워준다.

우리들 대부분은 시시한 일상을 보낸다. 그래서 쓸거리가 없다고 이야기한다. 쓸거리가 없는 게 아니라 쓰지 않아서 의미를 발견하지 못하는 것이다. 쓰기는 삶에 의미를 부여하는 행위다. 삶이 의미 있어서 쓰는 것이 아니라 쓰기가 삶의 의미를 찾게 만드는 것이다. 쓰기가 일상을 돌아보게 하고 관찰하게 하는 것이니까. 쓰기는 관찰의 눈과 귀를 세밀하게 만들고 생각과 마음과 뇌를 달라지게 만든다. 예민해진 눈과 귀로 사람들의 말과 행동을 유심히 관찰하고 듣고 생각하게 한다. 쓰는 사람에겐 일상의 모든 것이 소재가 된다. 세상 모든 이야기가 글감이 되는 것이다. 뭐 하나 허투루 흘려듣지 않고 흘려보지 않게 된다. 단 한 순간도 허투루 지나치지 않는다.

쓰는 사람은
질문부터 다르다

"

인터넷과 스마트폰으로 모든 것이 검색 가능한 시대다. 익숙하게 그것을 다룰 줄 아는 세대에게는 만능이나 그렇지 않은 사람에겐 불능이다. 자연스레 보이지 않는 경계가 하나 생겼다.

검색으로 다 되는 세상이니 생각이란 것도 필요 없다. 검색하면 결과가 나오니 굳이 머리 아프게 생각이란 걸 할 필요가 없어진 것이다. 이른바 떠먹여주는 콘텐츠들이 난무하는 세상이 되었다. 유튜브에는 '~하는 법, 반드시 알아야, 모르면 손해 보는' 키워드를 앞세운 콘텐츠가 차고 넘친다. 마치 정답을 알려줄 테니 반드시 시청하라는 메시지를 보내는 듯하다.

　무비판적으로 검색을 통해 얻은 정보를 신뢰하는 사람들이 있다. 마치 그것을 정답처럼 여긴다. 스스로 생각하지 않고 비교 검증도 하지 않은 채 수용하기 바쁘다. 검색으로 찾은 답은 하나의 의견일 뿐이다. 하나의 관점에 불과하다. 지구상의 인구가 3억이라면 3억 개의 관점이 존재한다. 이런 사람들에게 나는 묻고 싶다. "근거는? 출처는? 당신의 생각인가, 남의 생각인가?"라고.

　자기 생각 없이 의존하는 사람들이 자주 사용하는 단어가 있다. 그들은 '라던데'라는 단어 뒤에 숨는다. TV에 나온 어떤 연예인이 그랬다던데, 유튜브에서 그랬다던데, 이런 식으로 말한다. TV 프로그램은 필연적으로 제작비를 고려해야 한다. 예산은 적고 비용은 많이 드니까 어쩔 수 없다. TV 속 전문가들이 등장해 어디에 좋다는 식의 콘텐츠는 광고주가 돈을 지불하고 만드는 것이다. 마치 음식 하나를 만병통치약처럼 포장해서 이야기한다. 그러니 좋다는 게 계속 바뀐다. 좋다는 게 과연 소비자들에 좋은지 아니면 광고주에게 좋은지는 조금만 생각하면 답이 나온다. TV 정보가 모두 옳은 것이 아니듯 유튜브도 마찬가지다. 책도 그렇다.

떠먹여 주는 삶에 익숙해지다 보면 떠먹여 달라는 요구만 남게 된다. 삶의 많은 부분을 검색에만 의지한 채 스스로 생각하기를 멈추게 된다. 나에게 맞는 답은 내가 직접 찾아야 한다. 세상에 단 한 사람도 나와 같은 사람은 없다. 비슷할 수는 있으나 환경이 다르고 생각이 다르고 배경이 다르다.

쓰는 사람은 '~라던데'라는 단어를 사용하지 않는다. 아니 사용할 수가 없다. 확실하지 않기 때문이다. 그저 어디서 들어봄 직한 말을 그냥 하는 것일 뿐이니까. 대신 근거를 찾는다. 출처를 검색한다. 예를 들어 JTBC <OOO>에서 누구는 이렇게 얘기했다, 혹은 『쓰기의 말들』에서 은유 작가는 이렇게 얘기했다, 혹은 장 자크 루소는 말했다 라며 근거를 말한다. 쓰는 사람은 이렇게 근거와 출처를 제시하는 사람이고 제시해야 하는 사람이다. 실제로 출판사 편집자와 교정 교열 작업을 해본 사람은 알 것이다. 편집자들이 계속 같은 것을 묻는다는 걸 말이다. 그 질문은 바로 "출처와 근거는?"이다.

오직 쓰는 사람만이 근거를 묻는다. 오직 쓰는 사람만이 근거를 제시한다. 상대를 설득하는 일이 곧 쓰는 일이기 때문이다. 공감과 설득을 위해선 무엇보다 근거 제시가 필수다.

쓰지 않는 사람의 말

아침 사과가 좋대.

왜?

사람들이 그러더라.

쓰는 사람의 말

아침 사과가 좋대. 유튜브 A채널에서 이야길 듣고 나도 한번 해봤어. 한 일주일 정도 아침 사과를 먹어봤더니 속이 더부룩한 증상이 없어졌고 머리가 맑아졌어.

정말?

응, 신기한 반응이 있어서 좀 더 자료를 찾아봤는데 사람들이 그냥 했던 얘기가 아니더라고. 여기에는 과학적인 근거가 있었어. 우리 몸은 사실 산성에 좀 더 친화적이었던 거야. 네이처 과학 채널에 나온 이야기야.

정말?

응, 너도 해봐.

글쓰기는 혼자만의 생각으로 시작하지만 혼자만의 생각으로는 글을 완성할 수 없다. 자신의 글이 상대방에게 전해지려면 자신의 생각을 뒷받침할 구체적인 근거와 사례가 꼭 들어가야 하기 때문이다. 이렇게 구성된 글만이 상대방에게 가닿는다. 쓰는 사람만이 근거를 가질 수 있다.

책을 쓰는 이들은 사람들의 질문을 유심히 살핀다. 질문 속에 기회가 있기 때문이다. 사람들이 궁금해하는 질문을 기록해놓았다가 지기만의 해법을 제시한다. 책을 읽는 사람은 해결책을 궁금해하고 책을 쓰는 사람은 질문을 궁금해한다.

관점이 기회를 만든다. 당신은 어떤 것을 궁금해하는 사람인가?

책을 제대로 읽는 사람, 즉 쓰기 위해 읽는 사람만 누리는 것 중 하나가 영감이다. 창조적 영감과 기발한 아이디어는 특별한 사람에게만 찾아오는 것이 아니다. 모든 창작자는 이것을 경험하고, 그래서 끊임없이 작품을 생산한다. 하나의 주제에 대해 계속 생각하면 영감의 뮤즈가 찾아올 것이다.

쓰기 위해 읽는 사람의 독해는 다르다. 쓰지 않는 사람의 읽기가 '활자 읽기'라면 쓰는 사람의 읽기는 '상황 읽기'로 달라진다. 쓰는 사람은 관찰자의 눈을 갖기 때문이다. 눈뿐만 아니라 귀, 생각, 마음도 달라진다. 텍스트에 감응하는 몸으로 변한다. 우리들 대부분은 시시한 일상에서 쓸거리가 없다고 말한다. 쓸거리가 없는 게 아니라 쓰지 않아서 의미를 발견하지 못하는 것이다.

쓰는 사람은 근거와 출처를 제시하는 사람이고 제시해야 하는 사람이다. 오직 쓰는 사람만이 근거를 제시한다. 상대를 설득하는 일이 곧 쓰는 일이기 때문이다. 공감과 설득을 위해선 무엇보다 근거 제시가 필수다.

책 제대로 읽는 법 4장

책을 많이
읽어도 남는 게 없다?

독서할 때 따라오는 고민
길어서 못 읽겠다고?
디지털 세상의 문해력

독서할 때
따라오는 고민

"

"석헌님, 안녕하세요. 제가 요즘 책 고르는 데 고민이 많아서 이렇게 개인 톡 드리게 되었네요."

독서 모임 학인에게 카카오톡으로 연락을 자주 받는다. 연락받을 때마다 반갑고 고맙다. 나에게 질문한다는 건 어느 정도 나를 인정한다는 뜻이기 때문이다. 학인들의 고민은 대표적으로 3가지다. 어떻게 책을 읽어야 잘 읽을 수 있느냐, 어떤 책을 읽어야 하나, 책을 추천해달라. 이런 질문은 모두 무작정 읽기만 했을 때 생기는 질문이다.

어떻게 해야 책을 잘 읽을 수 있나요?

어떻게 책을 읽어야 잘 읽을 수 있냐는 질문을 자주 듣는다. 이른바 독서법을 묻는 것인데, 처방은 사람마다 다를 수밖에 없다. 시중에 나온 책들만 봐도 그렇다. 인터넷 서점에서 독서법을 검색해 보면 답이 나온다. 1,000권 독서법, 하루 1시간 독서법, 메모 독서법, 닥치는 대로 끌리는 대로 독서법, 문해력 독서법, 공부머리 독서법 등. 책을 쓴 저자마다 경험이 다르고 관점이 다르니 여러 독서법 책이 나온 것이다. 저자가 100명이라면 100개의 관점이 존재한다. 다독을 해야 한다, 메모를 해야 한다, 읽고 난 뒤 사색을 해봐야 한다, 맥락을 살펴야 한다 등등. 모두 맞는 말이다.

도서 평론가 이권우는 『책 읽기의 달인 호모 부커스』에서 읽고 써보라고 답한다. 내가 책을 읽고 잘 이해했다면 글로 쓸 수 있을 것이고 만약 반대라면 쓰지 못할 것이라는 이야기다. 대부분은 쓰지 못한다. 읽은 후에 말로 설명하지도 못할 것이다. 이 부분을 어떻게 고칠 수 있을까. 이 또한 답은 간단하다. 읽은 후 옆 사람에게 말로 먼저 설명해 보는 것이다. 방금 책에서 이런 내용을 읽었는데 새로운 관점을 얻었다든지, 어제 이런 글을 읽었는데 너무나 충격적이라든지.

읽고 쓰기와 반대로 쓰려고 읽으면 어떻게 될까. 쓰려고 책을 읽으면 상황은 완전히 달라진다. 저자가 무엇을 말하고자 하는지 어떤 논리로 글을 펼치고 있는지를 세세히 살피면서 읽게 된다. 제목은 어떤지, 저자의 주장은 무엇인지, 근거는 어떤 걸 사용했는지가 눈에 보인다. 또한 어떤 식으로 구성했는지, 시작은 어떠했는지도 살피게 된다. 같은 단어를 어떻게 다르게 정의했는지도 보인다. 쓰려는 목적을 가지고 책을 읽었을 뿐인데 달라진 읽기를 경험하게 되는 것이다.

어떤 특별한 비법이 있어서가 아니다. 오직

쓰려고 마음먹고 읽은 덕이다. 꼭 쓰려고 읽어야 하냐고 반문할 수 있다. 쓰기에는 시간도 많이 들어가고 품도 많이 들어간다. 하지만 쓰기 이전에, 쓰려고 마음을 먹어야 제대로 읽게 된다는 점에 주목해야 한다. 쓰기와 읽기가 별개로 떨어져 있는 게 아니라 서로 긴밀하게 연결되어 있다는 점에서 주목하자는 것이다.

쓰기를 전제로 한 읽기로 유명한 학교가 있다. 바로 세인트존스대학교다. 세인트존스 대학생들은 4년 동안 100권이 넘는 고전을 읽고 토론해야 한다. 1학년부터 4학년까지 시대순으로 아리스토텔레스, 단테, 마키아벨리, 데카르트, 셰익스피어, 니체 등 고전 100권을 읽는다. 그리고 그 내용에 대해 함께 토론하며 자기 생각을 정리하고 발전시켜 나간다. 세인트존스에는 교수가 없고 강의가 없고 시험이 없다. 그 대신 부지런한 독서와 치열한 토론이 있다. 독서와 토론 후에는 자신만의 생각을 정리한 에세이를 써 내야 한다. 이런 과정을 통해 학생은 스스로 생각하는 법과 평생 공부하는 습관을 배운다. 스스로 공부하며 여러 사물과 현상에 대해 나만의 가치관을 바르게 세워 나가는 것. 그것이 세인트존스가 말하는 진짜 공부다.

하버드대학교도 마찬가지다. 세계에서 가장 많은 157명의 노벨상 수상자를 배출했고, 7명의 미국 대통령과 36명의 퓰리처상 수상자를 배출한 하버드대학교 또한 쓰기를 전제로 한 수업을 한다. 하버드대학교 1학년 학생이 받아야 할 수업을 대충 나열해도 30여 개 될 정도로 학습 강도가 높다. 학생들은 보통 매주 80분짜리 오전 강의 3개를 들어야 하고, 강의마다 과제로 리포트를 제출해야 한다. 바로 쓰기를 전제로 한 수업, 즉 아웃풋을 전제로 한 수업이다. 아직 대학교 수업방식에 익숙하지 않은 신입생들의 경우 몇십 페이지의 리포트를 준비하는 데만도 서너 시간이 걸린다. 거기에 수업, 과외, 스터디그룹 활동까지 소화하려면 하루에 기본적으로 13~18시간을 공부에 할애하는 셈이다. 그래서 하버드대의 학생들은 거의 매일 새벽 한두 시까지 공부하다 느지막이 잠자리에 든다.

요즘 시대는 읽기보단 쓰기에 관심이 더 많은 시대다. 소셜 미디어에 콘텐츠를 올리더라도 반드시 글이 들어가야 한다. 뭐라도 쓰고 싶지만 아무것도 쓰지 못하는 사람들이 많다. 이런 시대의 니즈를 반영하듯 서점에는 글쓰기 책이 차고 넘친다. 이럴 때야말로 쓰려고 읽기가 필요하다. 쓰려고 읽다 보면 읽기 능력뿐만 아니라 쓰기 능력도 자라난다.

책태기가 온 것 같아요

요즘 뭘 읽어야 할지 도무지 모르겠다는 질문도 자주 받는다. 매주 책을 읽고 있지만 기존에 사놓은 책들엔 손이 안 가고, 그렇다고 딱히 새로운 분야나 책에 흥미가 있는 것도 아니라는 내용도 덧붙였다.

반가웠다. 나 또한 과거에 같은 고민에 빠진 적이 있었기 때문이다. 매일 기계적으로 책을 읽었지만 뭔가 계속 제자리걸음을 걷는 기분, 읽으면 읽을수록 책에 흥미가 점점 떨어지고 점점 더 바보가 되는 듯한 기분을 나 또한 경험했다. 책을 읽는 사람에게 반드시 한 번은 찾아온다는 바로 그 책 권태기였다.

책태기는 의무적으로 읽어야 한다는 강박이 만들어낸 현상이다. 독서를 하거나 강의를 들은 사람의 90퍼센트만이 '다 안 것 같은' 기분만 느낄 뿐, 실제로는 지식으로서 기억에 정착되지 않는다. 인풋은 '자기만족'으로 끝날 뿐 사실 남는 게 전혀 없다. 기억에 오래 남고 자신의 것으로 만들려면 아웃풋을 해야 한다.

책을 읽다가 길을 잃는 데에는 다 이유가 있다. 먼저 목적 없이 읽기만 해서다. 1년에 출간되는 책이 약 8만 종이다. 책을 출간하는 출판사가 치킨집보다 많은 현실이다. 말도 안 된다고 생각할지 모르지만, 사실이다. 2016년 통계청 조사에 따르면 치킨 가맹점은 25,431곳이고 같은 해

출판업으로 등록된 출판사는 53,574곳이었다.

이렇다 보니 자고 나면 200권의 새 책들이 시중에 출판된다. 책들의 출간 속도가 개인의 읽기 속도보다 몇백 배는 빠르다. 읽어야 할 책이 느는 건 어쩌면 당연하다. 치킨집보다 많은 출판사의 마케팅에 우리는 무분별하게 노출된다.

책을 고르는 당신만의 기준이 있는가 생각해 보자. 혹시 거실 한편에 온라인 서점에서 온 택배 상자들이 뜯지도 않은 채 천장에 닿을 듯 쌓여 있지는 않은가. 택배 상자를 바라보며 '이것은 바벨탑인가 아니면 책골탑인가' 자책하고 있지는 않은가. 책을 구입할 당시에는 모두 이유가 있었을 것이다. 수많은 책 사이에서 하필이면 그 순간 그 책을 사야만 했던 합리적이고 절박한 이유가. 좋아하는 저자의 신작이라서, 관심사를 저격하는 제목이라서, 표지가 예뻐서, 유튜버가 추천해서, 머그잔이 갖고 싶어서 등등. 어느 것 하나 놓칠 수 없는 이유다. 따라서 그 책들을 장바구니에 담았고, 주문 버튼을 누를까 말까 얼마간 고민했으며, 통장 잔고를 떠올리며 눈물을 머금고 창을 닫은 후, 밥 먹고 샤워하고 TV를 보다가, 어느새 장바구니 앞으로 돌아온 자신을 발견하고는 거의 반사적인 손놀림으로 순식간에 주문 버튼을 누르고야 말았던 것이다. 누르고 있어도 자꾸만 누르고 싶어서 누르고 또 눌렀던 것이다. 에라 모르겠다, 이런 마음으로 눌러버렸던 것이다.

매일 쏟아지는 책들을 보면 읽지 않으면 안 될 것 같고, 나만 뒤처질 것 같은 느낌을 받는다. 뒤처질 것 같은 느낌은 어김없이 책 구매 버튼을 누르게 하고, 택배 상자가 휴식 공간을 빼앗는다. 이제 책 좀 읽어볼까 생각하지만 읽기는 쉽지 않고, 유튜브 책 소개를 보다가 또 책 구매로 이어지는 악순환이 펼쳐진다. 이 악순환의 고리를 끊기 위해서라도 쓰기가 먼저 된 읽기를 해야 한다.

쓰기를 먼저 하면 현재 내 문제가 보인다. 현재 내 관심사가 어느 부분인지 발견할 수 있다.

그러면 자연스레 그 문제에 관련된 서적을 찾게 된다. 이렇게 되면 쏟아지는 신간과는 별개로 책을 선별할 수 있다. 출판계의 트렌드를 따라가는 것이 아닌 나의 관심 트렌드를 따라가게 되는 것이다. 쓰기가 먼저 된 읽기가 주는 해법이다.

자극과 반응 사이에는 공간이 있다. 이 공간을 글쓰기가 메꿔줄 수 있다. 어떤 자극이 나에게 닿았을 때 내 감각이 어떻게 반응했는지, 어떤 생각이 머릿속에서 일어났는지, 또 어떤 선택을 했는지, 글을 쓰면 알게 된다. 내 호흡이 가빠졌는지, 느려졌는지, 눈이 커졌는지, 식은땀이 이마에서 났는지, 목뒤로 흘렀는지, 구레나룻 옆으로 흘렀는지, 심장이 쿵쾅거렸는지, 콩닥거렸는지, 그 힘은 지구의 중력만큼인지, 내 머릿속은 어떤 생각들로 가득 찼는지 살피게 한다. 글쓰기가 나를 살피게 하기 때문이다.

글을 써야 세상도 보인다. 스쳐 지나는 사람의 머릿결도 보이고 지하철에 앉은 남녀의 대화도 들린다. 공원 벤치에 앉은 양복 입은 남자의 뒷모습에서 삶의 무게를 보기도 하고, 마트에서 물건을 집었다 놓는 아주머니의 손길에서 팍팍한 현실을 느끼기도 한다.

세상은 딱 보는 만큼만 보이기 마련이다. 쓰고 읽을수록 눈은 커지고 세상은 넓어진다. 책을 쓰는 이유는 내가 보고 들은 세상을 나누고자 함이다. 우물 안에서 경험한 이야기보다 넓은 세상에서 겪은 다양한 이야기가 더 힘을 갖는다. 쓰다 보면 보이고, 많이 볼수록 더 잘 쓰게 된다.

펜을 가진 사람의 매력은 세상을 좌우하는 권력이나 명예가 아니다. 아직도 우리 주변에는 삶 자체가 힘겹고 고달픈 이들이 여전하다. 그들에게 조금이라도 힘이 되고, 위로와 격려를 전해주는 것이 바로 글 쓰는 사람에게 주어진 몫이다. 내 곁을 스치는 이들의 말과 행동에서 소중한 글감을 길어 올릴 수 있다.

다른 해결 방법은 의무적으로 읽는 것을 관

두는 것이다. 생산성과 효율성을 으뜸으로 치는 요즘 시대에 그것과는 정반대의 행동을 해보는 것이다. 유익을 캐내기 위해 책장을 넘기는 것이 아니라 무익을 위해 책을 읽는 것이다. 순수한 유희와 쾌락을 즐기기 위해 읽는 잉여의 책 읽기가 책태기를 해결하는 열쇠다. 쓸모없어짐으로 자신의 쓸모를 드러내는 책 읽기야말로 독서의 최고봉이라 생각한다.

나 또한 독서 번아웃을 경험했다. 문장 대비 건질 게 없다는 이유로 자기 계발서와 철학책만 주야장천 읽다가 독서 번아웃이 왔다. 그때 소설을 집어 들었다. 정유정, 이기호, 장류진, 김연수 작가를 만났다. 한국어로 쓰인 새로운 세상을 만났다. 한강, 장강명, 이경, 박민규도 만났다. 책 속 인물들의 이야기를 읽으며 때론 웃고, 때론 울고, 때론 흥분했다. 읽으면 읽을수록 감정이 요동쳤다. 살아있는 문자란 이런 것임을 소설이 내게 알려주었다.

소설을 읽기 전엔 "님이 만들어 놓은 허구의 이야기를 도대체 왜 읽는 건가요?"라고 묻던 사람이 나였다. 발을 동동 구르며 살기도 바쁜데, 실제 있지도 않은 가상의 인물 이야기를 시간 낭비하면서 왜 들여다보고 있느냐고 생각하던 때였다. 그렇게 시간이 많으면 '내 삶'에 쏟는 게 낫지 않겠냐는 소리일 테다.

소설을 읽으며 내 생각이 틀렸음을 깨달았다. 소설을 읽는 사람은 누구보다 '내 삶'에 관심이 많은 사람이다. 소설 애호가는 허구의 인물을 통해 자신의 삶을 읽는 사람이다. 나와 너무나도 다른 사람의 삶을 보고 있는데 자꾸 내 삶이 들춰지는 것 같아서, 소설가가 내 내면을 꿰뚫어 보고 있는 것 같아서, 우리는 소설을 손에서 놓지 못한다. 소설을 읽으며 소설 속 인물들이 펼쳐 놓은 다양한 삶을 통해 '이렇게만 살아야 한다'가 아니라 '저렇게도 살 수 있다'는 걸 이해한다. 현실과 반대되는 이야기를 통해 살려고 노력하면 나름대로 살아질 수 있겠구나를 발견한다. 정신과 의사가 환자의 이야기를 듣고 과거를 새롭게 해석할 수 있도록 교정하듯 소설

속 인물의 서사가 내 관점을 달라지게 한다.

책의 여러 종류 중 문학 장르를 대표하는 소설은 언어로 이루어진 상상의 집이다. 이 집은 우리가 경험하지 못했거나 앞으로도 경험하지 못할 이야기로 가득 차 있다. 여기서 미처 생각하지 못한 것, 겪어보지 못한 것들을 만나게 되고 나와 다른 것을 이해하게 된다. 소설 속 등장인물을 통해 타인의 고통을 간접 경험하고 다른 이들의 아픔을 헤아린다. 문학을 읽는다는 것은 낯선 언어를 수용하고, 낯선 감정을 습득하는 일이다. 문학작품을 읽는 이유는 결국 다른 이들의 고통을 미루어 짐작할 줄 아는 성숙한 시민으로 성장하기 위함이다. 소설가가 시대 문제의 해결책을 주진 않는다. 대신 '무언가 바꿀 수 있겠다는 용기'를 준다. 소설가는 사람들이 시대의 참상을 외면할 때 글을 쓰는 사람이다. 당연한 것에 질문하는 사람이다.

문필가 몽테뉴는 자기가 책을 어떻게 읽는가, 무엇을 즐겨 읽는가 하는 것을 더할 수 없이 탁

월한 방법으로 이야기했다. 책과 그의 관계는 다른 모든 일과의 관계가 그렇듯이 자유의 관계였다. 그는 기꺼이 마음이 내키는 때에만, 또 마음 내키는 만큼만 읽었다. 또한 자신의 삶을 서술하는 사람은 모든 사람을 위해서 사는 것이며, 자신의 시대를 표현한 사람은 모든 시대를 위해 그렇게 한 것이다.

최근 혼자 큭큭대며 읽었던 『더블』, 『팔리는 작가가 되겠어』, 『웬만해선 아무렇지 않다』를 학인에게 추천했다. 학인이 다시 독서의 재미를 찾기를 희망하면서. 유용을 캐내던 독서에 지친 이들이 책태기를 극복하려면 무용의 독서와 글쓰기가 답이다. 무용의 독서가 잃어버렸던 읽기의 재미를 다시 찾아주고 타인의 아픔에 공감하게 해줄 테니까. 또한 일상의 글쓰기가 주변과 나를 돌아보게 하고 관찰하게 할 테니까.

어떤 책을 읽어야 하나요?

"책 선정에 관하여 질문 드립니다. 추천 도서 30권의 도서 목록을 일람하고 받은 느낌은 대체로 '자기 계발'에 관한 책이 많다는 것입니다. 개인적으로 이 모임에 참여한 동기는 효과적인 책읽기가 첫째이지만, 다른 분들이 주로 읽는 책들을 읽을 기회를 얻어서 독서량의 구성을 다양하게 하고자 하는 목적 역시 중요한 하나입니다. 이런 점에 관해서도 오늘 저녁 고견을 들을 수 있었으면 좋겠습니다."

독서 모임의 학인이 올린 내용이다. 과거 나또한 같은 고민을 했던 적이 있어서 무척 공감되었다. 학인이 올려준 고민 내용은 3가지다.

먼저, 메모하기는 꾸준히 하는데 더 이상 발전이 없다는 것이다. 그런데 발전이 없는 것이아니다. 발전이 없다는 걸 알아차린 것이 곧 발전이기 때문이다. 학인은 알아차림으로 스스로문제점을 발견했다. 그리고 답도 이미 알고 있다. 『메모 독서법』 책에도 메모 독서의 완성은글쓰기라고 되어 있는데 학인은 마지막 단계를실행하지 않았던 것이다. 메모하기 다음 단계를 실행해야 할 때가 된 것이다. 선택 사항은 두 가지다. 글쓰기를 하거나 계속 미루거나.

다음은 추천한 책을 순서대로 모두 읽을 것인지, 한두 권 골라 읽어도 되는지에 관한 질문이다. 마음 가는 대로 하면 된다. 추천한 책을 모두 읽는 것이 좋긴 하다. 다양한 책을 접할 기회가 생기기 때문이다. 한두 권 골라서 읽어도 상관없다. 관심 가는 책이 있다면 말이다. 만약 관심이 전혀 생기지 않는다면 추천 책 말고 관심 있는 책을 읽는 것이 좋다. 현재 자신의 관심사와 맞닿은 책이 독서의 재미를 증폭시켜줄 테니까.

마지막 질문은 효과적인 책 읽기다. 효과적인 책 읽기의 3가지 방법이 있다. 시간이 더 오래 걸리는 순서대로 느리게 읽기, 필사하기, 글쓰기다. 가장 오래 걸리는 건 역시나 글쓰기다. 하지만 글쓰기야말로 느리지만 가장 효과적인 책 읽기의 방법이다. 글쓰기는 복합 두뇌 운동이기 때문이다. 첫 문장을 고민해야 하고 결론의 메시지를 고민해야 하며 예시도 생각해봐야 한다. 물론 여기에 제목도 포함된다. 이런 고민의 과정으로 하나의 글이 완성된다. 글쓰기를 목적으로 했을 때만 책의 텍스트가 다르게 다가온다. 쓰기라는 목적 때문에 책이 다르게 보이는 것이다. 결국 쓰기를 실행해야 알게 된다.

성장의 과정은 학교 시스템과 비슷하다. 1학년에서 시작해 2학년으로, 그리고 3학년으로 단계적으로 올라간다. 영리한 시스템이다. 이 시스템의 배후에 있는 원칙은 '실력이 좋아질수록 더 큰 경기에 나갈 수 있다'이다. 하지만 정말 많은 사람들이 이 시스템을 포기한다. 그들은 더 큰 경기에 나갈 궁리만 할 뿐 더 큰 경기에 걸맞은 실력을 갖췄는가에 대한 검토엔 매우 인색하다. 큰 경기는 실력을 갖춘 자만이 나갈 수 있다. 남들의 방법이 나에게 맞을 수도 있고 안 맞을 수도 있다. 남들의 추천 책도 마찬가지다. 틀린 답은 없다. 나에게 맞는 답만 있을 뿐이다.

그 외 주어를 상실한 질문들

"위로, 격려, 용기를 주는 책 추천 부탁드려도 될까요?"

"친구가 왜 중요한지에 대해 쓴 책을 추천해주실 수 있을까요?"

독서 모임 단체 카톡방에서 흔히 볼 수 있는 질문 중 하나다. 책 추천을 해달라는 것인데 위 문장에는 무언가 빠져 있다. 무엇이 빠져 있을까?

주어가 빠져있다. 그리고 주어가 빠짐으로 한 가지가 더 빠지게 된다. 바로 '나의 문제'다. 주어가 빠진 이유는 쓰기를 먼저 하지 않아서다. 쓰기를 해보면 가장 먼저 마주하는 것이 바로 '나'다.

어릴 적 우리는 육하원칙을 배웠다. 누가, 언제, 어디서, 무엇을, 어떻게, 왜. 쓰기를 먼저 한 사람은 육하원칙을 잘 배합하는 사람으로 성장한다. 쓰기를 먼저 하지 않은 사람은 이걸 잘 잊어버린다.

그렇다면 위 문장을 육하원칙에 맞게 바꾸면 어떻게 될까?

"요즘 제가 가게에서 손님들이 무심코 던지는 대화 때문에 스트레스를 받고 있는데 이럴 때 위로, 격려, 용기를 주는 책 추천을 부탁드려도 될까요?"

이렇게 구체적으로 문장을 바꾸면 앞서 두루뭉술했던 부분이 분명하게 드러난다. 처음 던졌던 질문에는 떠오르는 책이 없지만 구체적인 질문에는 딱 떠오르는 책이 생겨난다.

추천 도서는 사실 의미가 없다. 남들의 추천 도서는 남들에게만 좋은 책이기 때문이다. 내 삶과 무관한 책은 나에겐 아무 이득도 혜택도 줄 수 없다. 지금의 내 문제 혹은 나의 관심사와 연결된 독서가 가장 좋은 추천 도서다. 메이지 대학교 교수인 사이토 다카시는 『독서는 절대 나를 배신하지 않는다』에서 이렇게 얘기한다.

추천 도서가 아니라 끌리는 책부터 먼저 읽어라. 추천 도서에 너무 얽매이지 마라. 책을 읽을 때 '나 자신'이 중심에 없는 것만큼 시간 낭비인 것은 없다는 게 내 생각이다. 학교나 믿을 만한 기관에서 추천해 준 책이 있다고 하자. 그 책이 아무리 좋은 책이고 남들에게 재미와 유익함을 모두 주었다고 해도 나의 흥미를 끌지 못할 뿐만 아니라 읽고 난 뒤에도 왜 이 책을 읽었어야 하는지 나름의 답을 찾지 못했다면 그 독서는 '나에게는' 무의미한 독서다. 내 눈에 띈다, 마음에 끌린다는 것은 책의 제목, 카피, 다루는 주제, 저자 등등 책의 요소 중 어느 하나가 나와 연결점이 있다는 말이다. 서점에서 지나가는 길에 고가 후미타케의 『미움받을 용기』라는 책이 눈에 띄었고 갑자기 호기심이 생겨 그 책 앞에 발길이 멈췄다고 하자. 관심이 갔던 이유는 사람마다 다를 것이다. 요즘 마음대로 풀리지 않는 인간관계 때문에 마음이 편치 않았던 참이어서일 수도 있고, 심리학책을 좋아하는데 아들러 심리학을 다루고 있다고 해서 끌렸을 수도 있다. 표지 디자인이 마음에 든다는 아주 남들에게 추천 책을 제시해달라는 질문 자체가 나쁜 것은 아니다. 질문도 용기 있는 사람만이 할 수 있기 때문이다. 한국식 군대 문화의 영향인지, 아니면 유교 문화의 잘못된 잔재인지 모르지만 우리는 묻는 걸 불편하게 생각한다. 심지어 언어를 직업으로 갖고 있는 기자들조차 잘 질문하지 않는다.

자신이 무엇을 원하는지 스스로에게 물어보지 않아서 남들에게 의지하고 기대는 것은 아닐까? '내가 읽고 싶은 것이 뭘까'라는 질문을 스스로 해보면 어떨까?

남들에게 질문하지 않고도 스스로 문제를 해결할 수 있는 해결책은 2가지다. 오프라인 서점을 직접 방문하거나 인터넷 서점에서 현재 내 문제를 검색하는 것이다. 2가지 방법 모두 추천한다. 시간이 충분하다면 오프라인 서점 방문이

단연코 좋다. 오프라인 서점에 들르는 것만으로도 다양한 정보를 얻을 수 있으며, 무엇보다 서점이란 공간만이 주는 시간을 느낄 수 있다. 서점에는 다른 곳에는 없는 새 책 냄새가 있고, 입장료가 없으며 시간 제약도 없다. 사람이 많아도 좋고 적어도 좋다. 시끄럽게 떠드는 사람이 없고 잔잔한 음악이 있다. 무엇보다 혼자 가도 아무도 눈치 주지 않는다. 온라인 서점에는 없는 많은 것들을 얻을 수 있다.

"분별력 있는 인간은 아무것도 잃을 게 없다."라는 몽테뉴의 말처럼 쓰기를 먼저 하면 잃어버린 '나'라는 주어를 회복할 수 있고 분별력을 가질 수 있다. '나'라는 주어를 회복해야 주체적으로 생각할 수 있다. 빠르게 변하는 세상에서 스스로 명료함을 지닌 존재로 거듭날 수 있다. 세상에서 잊히기 쉬운 나란 존재를 쓰기가 딱 붙들어준다. 쓰기를 먼저 해야 하는 이유다. 쓰는 사람만이 생각할 수 있고 자신의 삶을 주체적으로 살 수 있다.

길어서
못 읽겠다고?

"

'tl; dr' '너무 길어; 읽지 않음too long; didn't read'
의 줄임말이다. 각종 정보가 쏟아지고 디지털
매체가 보편화하면서 사람들은 긴 글을 꼼꼼히
읽지 않는다. 아니 읽지 못한다. 읽을거리가 많
기에 글 읽는 시간을 공들여 쓰지 않는 것이다.
미국에서는 'tl; dr' 버튼으로 500~700자 콘텐츠
를 50~75자로 요약해 보여주는 서비스를 하는
매체도 생겼다.

짧은 글과 사진으로 소통하는 소셜 미디어 시
대에 10대와 20대들이 만든 줄임말이 널리 쓰인

다. 신조어를 모르면 '아재' 취급받는 세상이다. 짧은 글을 선호하고 긴 글을 건너뛰고 요약하며 빠르게 훑는 것은 디지털 시대에 적합한 읽기 방식일지 모른다. 이런 트렌드를 반영이라도 한 듯 최근에 에세이 책의 추세 또한 짧고 간결한 글들이 인기다.

덴마크의 전산학자 제이콥 닐슨 박사는 디지털 읽기의 특징을 'F자형 읽기'라고 말했다. 그는 인터넷 사용자 232명의 시선을 추적한 실험을 했다. 디지털 화면을 보는 사람들의 시선을 카메라로 따라가 보니, 10초 이내에 페이지 아래까지 재빨리 훑느라 눈동자가 알파벳 F 모양을 그렸다는 것이다. 즉, 맨 위의 1~3문장만 끝까지 보고 나서, 중간까지 뛰어넘은 후 중반부의 1~2문장을 읽는다. 그리고 아래로 쭉 내려와 버린다. 눈동자로 F자를 그리며 읽은 몇 문장 외에 나머지는 읽지 않았다는 뜻이다.

닐슨 박사는, 평소에 책을 읽을 때 한 줄 한 줄 문장 끝까지 읽는 사람도 디지털 매체에서는 빨리 읽기 위해 페이지 왼쪽에만 시선을 둔다는 것도 발견했다. 그의 연구에 따르면 디지털 매체로 100단어를 읽을 때 소요되는 시간은 평균 4.4초에 불과했다. 닐슨 박사는 "아무리 뛰어난 사람도 4.4초 만에 읽을 수 있는 단어의 개수는 18개 정도에 불과하다."라며 웹 이용자들이 사실상 글을 거의 읽지 않는다고 말했다. 'F자형 읽기'는 리딩이 아니라 스캐닝이다.

스캐닝으론 내용을 제대로 파악할 수 없고 이해할 수도 없다. F자형 읽기에 익숙해지면 제목만 읽고 내용을 지레짐작한다. 글 내용은 제대로 읽어보지 않고 여기저기 이런 글을 공유한다. 이런 심리를 파악한 매체들은 더욱더 자극적으로 낚시성 제목을 지어 올리기 바쁘다. 디지털 매체의 폐해다.

디지털 기기를 통한 읽기는 우리 뇌를 '초보자 수준의 읽는 뇌'로 돌아가게 만든다. 미국 매사추세츠주 터프츠대학교의 아동발달학과 교수이자 인지신경학자인 매리언 울프의 말이다.

대표적 사례가 난독증이다. 그는 『다시 책으로』에서 난독증은 뇌가 본디 독서에 적합한 회로를 타고나지 않았음을 가장 확실하게 보여주는 최고의 증거라고 얘기한다.

디지털 읽기 방식에 익숙해진 자신의 뇌가 더는 길고 난해한 문장을 받아들이지 못한다는 사실에 충격을 받았다고 고백하면서 '깊이 읽기' 능력을 회복하는 데 온 힘을 기울여야 한다고 강조한다. "읽기는 타고난 것이 아니라 인류가 오랜 진화 끝에 획득한 놀라운 능력이며 문해력은 호모사피엔스의 가장 중요한 후천적 성취"라는 것이다. 인간 이외에 지구상의 어떤 종도 읽기 능력은 없다. 읽기는 기나긴 발달 과정을 통해 인류 두뇌에 완전히 새로운 회로를 더한 것이며, 그 능력을 얻음으로써 인류는 생각에 깊이를 더할 수 있었고 지금의 문명을 이룰 수 있었다는 설명이다. 그는 디지털 매체의 영향으로 우리 뇌의 읽기 회로가 망가지고 있다고 우려했다.

읽기 능력은 학습으로 얻은 성취기에 언제든 다시 잃어버릴 수 있다. 특히 뇌에 읽기 회로가 형성되지 않은 아이들에게는 심각한 문제가 생길 수 있다. 저자는 "아이들이 읽기를 배우지 않으면 자신의 잠재력을 완전히 발휘하지 못할 것"이라며 하루 6~7시간씩 디지털 매체에 빠진 청소년의 뇌가 어떤 문제를 불러오는지 보여준다.

미국의 한 대학교 영어학과장은 한때 인기 있던 헨리 제임스를 이제는 진행할 수 없다고 토로했다. "오래되고 밀도가 높은 문학과 문장을 읽기 원하거나 읽을 수 있는 학생들이 많지 않기 때문이다. 어려운 문장 구조를 이해하려 하지 않으면서 학생들의 읽기와 글쓰기 능력이 저하된다. 정보가 계속 피상적인 수준에서 일종의 오락으로만 지각된다면 결국 우리는 표면에만 머무르게 되어 잠재적으로는 진정한 사고를 심화시키기보다는 오히려 방해받는다. 놀라운 잠재력을 가진 인터넷으로 들어보지도 못한 세계들을 발견하고 있다는 사실에는 의심의 여지가 없다. 하지만 적극적으로 자신만의 고유한 지식의 내적 기반을 구축했으면 좋겠다."라고 어린

이와 젊은이에게 진심 어린 충고를 한다.

매리언 울프는 "왜 읽는가"에 대한 질문에 "이 세상을 사랑할 새로운 이유를 발견하기 위해"라고 답한다. 그리고 아이들에게 '읽는 삶이라는 독특한 유산'을 물려줬으면 하는 바람을 전한다.

디지털 세상의 문해력

"

서울기술연구원이 2022년 펴낸 '디지털 환경에 따른 시민 독서문화 활성화 방안'에 따르면 서울 시민 1,037명을 대상으로 한 설문조사에서 서울에 사는 10대~30대 젊은 층 3명 중 1명가량은 인터넷 신문을 통해 기사를 읽는 것도 '독서'라고 생각하는 것으로 나타났다. 전 연령대에서 유튜브 등 플랫폼을 통한 영상물 시청도 독서에 해당한다고 생각하는 비중도 10% 이상이었다. 인터넷 검색 정보 읽기와 인터넷 블로그·카페 글 읽기, 사회관계망서비스SNS 글 읽기, 스마트폰 문자 정보 읽기, 유튜브 등 영상 보기도 독서라고 응답하는 사람들도 적지 않았다. 누리꾼들은 "신문 기사를 읽는 게 어떻게 독서냐", "책 소개 유튜브를 보는 것도 독서라고 할 수 있나"라는 반응을 보였다. 대한민국 독서 인식의 현주소다.

많이 읽으면 문해력이 키워질까? 만약 그렇다면 대한민국 국민의 문해력은 최고여야 한다. 하루에 거의 12시간 이상 스마트폰을 읽고 있으니까 말이다.

EBS에서 <당신의 문해력>이 방영된 이후로, 사회 전반에 '문해력'이 이슈가 된 적이 있다. 한국 학생의 경우 대체로 읽기 능력이 우수한 것으로 알려져 있으나, 최근에는 그 순위가 떨어지고 있을뿐더러, 학생들 간의 '문해력 격차'도 심화되고 있다고 한다. OECD에 따르면, 최근 한국 중학생의 15% 이상이 교과서를 이해하지 못하는데, 10여 년 전에만 하더라도 이 비율은 절반 정도였다. 또 하나 최근 문제가 되는 것으로 '디지털 문해력'이 있다. 일종의 스팸 메일, 피

싱 사기를 구별하는 능력도 여기에 속한다. 이에 대해 한국의 경우 OECD에서 가장 낮은 수준을 기록했다고 한다. 다시 말해, 읽기 능력 자체는 준수하지만 글이 담긴 맥락에 대한 고도의 통찰력이나 이해능력은 부족하다고 볼 수 있다.

문해력 혹은 리터러시literacy는 보통 글을 읽고 이해하는 능력을 말하지만 그 의미는 시대 흐름에 따라 끊임없이 변해왔다. 고대에는 문학에 대한 지식 능력으로, 중세에는 라틴어를 읽고 쓰는 능력으로, 근대에는 모국어를 읽고 쓰는 능력으로 받아들여졌다. 현대에 들어와 문해력은 한 측면에서만 논의되지 않는다. 사회구조가 디지털 구조로 빠르게 변화됨에 따라 문자에 해당하는 텍스트의 범위가 넓어졌기 때문이다.

최근 온라인에서 '심심한 사과'라는 표현을 놓고 문해력 저하 논란이 있었다. 한 웹툰 작가 사인회를 진행한 서울의 한 카페 측이 사과문에 '심심한 사과 말씀드린다'라는 표현을 한 게 발단이었다. 이걸 본 SNS 댓글 반응이 대단했다.

"제대로 된 사과도 아니고 심심한 사과?"

"응. 난 하나도 안 심심해."

"심심한 사과... 이것 때문에 더 화나는데... 꼭 '심심한'이라고 적었어야 하나요?"

"심심한 사과? 너희 대응이 아주 재밌다." 등.

사과문에 사용한, 마음의 표현 정도가 매우 깊고 간절한 뜻인 '심심한'을 일이 없어 지루하고 재미가 없다는 뜻의 '심심한'으로 잘못 이해해서 벌어진 해프닝이다.

온라인 공간에서 문해력 논란이 불거진 건 이번이 처음이 아니다. 지난 2020년, 8월 17일을 임시공휴일로 지정하면서 '광복절부터 사흘 연휴'라는 기사들이 나왔는데 일부 누리꾼들은 "15일부터 17일까지 3일 연휴인데 왜 사흘이라고 하냐"라며 뉴스 오보라고 지적했다. 급기야 '사흘'이 실시간 검색어 1위까지 했다. 이 밖에도 '금일'을 금요일로 착각한 대학생이 과제를 제때 제출하지 못했다는 사연도 있다.

잘 알려졌다시피 우리나라는 문맹률이 1% 이하인 나라다. 그런데 OECD 조사에 따르면 단어와 문장의 뜻을 정확하게 파악하지 못하는 실질 문맹률은 75%(4명 중 3명)에 달하는 걸로 나타났다. 국립국어원이 2020년에 실시한 언어 의식 조사에선 성인 36.3%가 "신문과 TV에서 나오는 말의 의미를 몰라 곤란한 경험이 있는가?"라는 질문에 "자주 있다"라고 답하기도 했다. 2015년 조사 당시 5.6%에 불과했던 게 5년 만에 6배 가까이 늘어난 수치다. 한국어 단어의 70%를 한자어가 차지하고 있는데 한자어에 대한 교육이 부족하다는 게 주원인으로 꼽히고 있다.

변화가 빠른 디지털 세상이다 보니 세대와 환경에 따라서 사용하는 어휘가 다르기도 하고 이런 상황에 대해서 "인공지능과 로봇은 말하는 사람의 의도와 맥락까지 학습하며 이해력을 높여가는데 사람들은 모르는 단어를 검색하는 것조차 꺼린다"라며 문해력을 높이기 위한 노력을 하지 않는 세대를 비판하는 목소리도 있다. 한

자어가 익숙한 기성세대가 혀만 찰 게 아니라, 디지털 시대에 맞는 새로운 국어 교육이 필요하다는 의견도 있다.

우리 눈은 이제 긴 글을 부담스러워하고, 문어체를 어색하게 여긴다. 과거 기준의 문해력은 분명 위기를 맞는 중이다. 현재 문해력은 책 속에만 있는 것이 아니다. 스크린 속 세상의 정보는 여러 개의 감각을 타고 동시에 들어온다. 무엇보다 디지털 문해력은 지금이 전성기다.

문해력 자체가 뛰어나냐, 부족하냐에 대한 논란은 계속 이어지고 있지만, 글 자체에 담긴 의도를 보다 명확히 식별하고, 고차원적이거나 메타적인 맥락을 이해하는 종합적인 능력은 부족해지고 있다.

이에 대해 단순히 '독서'가 부족해서라는 의견이 일반적이지만, 한국 온라인 세계에 폭넓게 퍼진 이분법적 대립 구조 자체의 영향도 무시할 수 없어 보인다. 청소년 대부분이 이용하는 유튜브만 하더라도, 유튜버 간의 저격 영상 등이 매우 폭넓게 퍼져 있다. 이러한 저격 영상들이 하는 일은 대개 아군과 적군을 나누어, 상대편을 일반화하고, 프레임화하면서, 악마로 규정하는 작업이다. 상대방의 입장이 되어, 그의 맥락을 풍성하게 상상하면서, 그가 하는 말의 다차원적인 맥락을 고려하는 일이 아니다. 그보다는 저격하는 자가 스스로 생각하는 것, 의도하는 것, 원하는 것을 반복 재생하게 하려는 행위에 가깝다. 실제로 한국 사회의 각종 집단 갈등, 혐오, 차별에도 광범위하게 영향을 미친다.

문해력 또는 이해력이 부족하다는 것은 타인을 상상할 수 있는 '힘'이 없다는 뜻이다. 타인을 상상할 수 없으니 자기 이해, 자기 입장, 자기에게 익숙한 방식에만 길들여져서 그에 갇혀버리는 폐쇄성에 익숙해진다. 극단적이고 자극적인 콘텐츠 속 적군과 아군의 구별은 단세포생물도 할 수 있는 것이지만, 고등동물일수록 이해에 기반을 둔 타협, 화해, 제3의 길로 나아갈 여지가 있어야 한다.

문해력이란, 나와 타자가 속한 맥락을 포괄적

으로 이해할 수 있는 능력과 다르지 않다. 그리고 바로 이런 능력 부족이 문제라면, 단순한 읽고 쓰기의 중요성을 넘어서서, 한국 사회 전반을 지배하고 있는 '문화'의 단순화와 극단화, 이분법적 성향을 먼저 들여다봐야 한다. 아이들은 다채로운 입장과 맥락을 이해하기 이전에, 각종 자극적인 콘텐츠로부터 누군가를 규정짓고, 공격하고, 저격하는 일에 먼저 길들여지고 있다. 바로 그런 문화가 총체적인 '이해력'을 갉아먹으면서 그 연장선에 있는 '문해력'의 위기 또한 불러오고 있을지도 모를 일이다.

문해력의 깊이가 앞으로 그가 꿈꾸고 바라보는 세상의 규모를 결정한다. 지금까지는 돈이 많거나 지위가 높은 사람들에 의해서 권력의 지도가 그려졌지만, 이제는 높은 문해력을 가진 사람에게 부와 권력이 집중된다. 감동만 하는 사람이 될 것인가, 주변에서 일어나는 미세한 변화를 느끼며 그것을 세상에 알려 감동을 주는 일상의 혁신가가 될 것인가. 세상은 간절히 후자를 원하고 있다.

디지털 세상에서 깊이 있는 문해력을 기르려면 어떻게 해야 할까? 가장 간단한 방법이 글쓰기다. 쓰는 행위는 독자에서 작가로 입장 전환하는 행위기 때문이다. 또한 객관적인 근거를 동원해 타자를 설득하는 행위이기 때문이다. 쓰는 사람은 다른 사람의 처지에서 생각하고 그 처지가 되어본다. 쓰기로 글짓기의 어려움을 경험하면서 상대방의 입장이 되어 생각한다. 읽기만 했을 땐 전혀 알지 못하던 작가의 노고가 눈에 들어온다. 독자들을 위해 친히 손수 자료 조사를 한 뒤 누구나 알만한 예시를 썼을 작가의 노고가 보인다. 한 문장 한 문장을 이해시키기 위해 일상에서 겪을 만한 비유가 눈에 들어온다. 이 또한 작가의 노고가 보이는 순간이다.

세상은 갈수록 삭막해지고 체력은 급속도로 떨어지는 요즘, 나는 고민한다. 고통에 납작하게 눌리거나 눈물에 익사하지 않고 어떻게 척추와 손가락을 지탱하며 쓸 것인가. 예진에는 마음에 쏙 드는 책을 보면 문장과 관점이 보였는데 이젠 작가의 체력과 눈물이 보인다. 쓰기부터 먼저 하면 위대한 작품 뒤엔 위대한 건강이 있다는 걸 발견하게 된다.

"쓴다는 것, 써야 한다는 생각이 없었더라면 내 삶은 아주 시시한 의미밖에 갖지 못했으리라는 것, 어쩌면 내 삶이라는 것도 존재하지 않았으리라는 것." 최승자의 말이다.

읽고 보고 이해한 내용을 자신의 문장으로 써보자. 써봐야 알게 된다. 내가 이해한 정도가 어느 정도인지, 어디까지인지, 내가 모르는 부분이 어디인지를 쓰기가 알려준다.

인공지능이 글을 대신 읽고, 대신 써주는 시대에 무슨 문해력이란 불만 섞인 목소리가 들리는 듯하다. 현재 ChatGPT는 자기소개서 및 지원서를 대신 작성하는 건 물론이고, 소설과 시까지 뚝딱 완성해 준다. 챗GPT를 활용한 소설책이 국내에 이미 출간된 적도 있다. 연구보고서 내용을 요약해달라면 해주고, 이미 쓴 글을 더 나은 방향으로 수정해달라고 하면 해준다. 글을 이해하고 쓰는 창작이 더 이상 인간 고유의 능력이라는 믿음이 깨지고 있는 것이 사실이다.

경인교육대 미디어리터러시연구소장 정현선 교수는 '교실 속 문해력 교육은 앞으로 어떻게 변화해야 할까'라는 한겨레와의 인터뷰에서 이렇게 말한다. "역설적이게도 질문만 하면 답이 나오는 시대에 '문해력 교육'은 필요 없어진 게 아니라, 더 중요해지고 있다. 질문 능력을 갖춰야 하고, 거짓 또한 가려내야 하기 때문이다."

인공지능 기업 오픈에이아이OpenAI는 2023년 3월 14일 지피티-4GPT-4를 공개하면서 누리집에 다음과 같이 썼다.

"가장 중요한 건 여전히 완전히 신뢰할 수 없다는 겁니다. (사실이 아닌 이야기를 그럴듯하게 들려주는) 환각 현상이 있고, 추론 오류도 있습니다."

즉, GPT-4를 만들고 있는 OpenAI조차 아직까지는 자신들이 만들어낸 인공지능을 완전히 신뢰하지 않은 셈이고, 진실을 가려내는 건 결국 인간의 몫이라는 이야기다. 이제 온라인상에서 가짜정보를 만들고 확산하는 일이 더 쉬워졌다. 무비판적 사고의 끈을 놓기는 더 쉬워질지도 모른다. 앞으로 인공지능이 얼마나 대단한 걸 만들어낼지는 아무도 모르나 그것이 진실인지, 믿을만한 정보인지를 가려내는 '문해력'은 점점 더 중요해질 수밖에 없다.

독서할 때 따라오는 대표적인 고민은 '어떻게 해야 책을 잘 읽을 수 있냐'이다. 도서 평론가 이권우는 『책 읽기의 달인 호모부커스』에서 읽고 써보라고 답한다. 책을 읽고 잘 이해했다면 글로 쓸 수 있을 것이고 만약 반대라면 쓰지 못할 것이라는 이야기다. 결국 책을 잘 읽는 방법은 '쓰기'를 통해서만 확인할 수 있다.

길어서 글을 못 읽겠다는 사람들이 늘고 있다. 늘어난 정보들 덕분에 사람들은 긴 글을 꼼꼼히 읽지 않는다. 덴마크의 닐슨 박사는 디지털 읽기를 F자형 읽기라고 했다. 디지털 읽기에 익숙한 뇌는 길고 난해한 문장을 받아들이지 못하게 한다. 읽기 능력은 언제든 잃어버릴 수 있다는 사실을 기억해야 한다.

디지털 세상의 문해력이 화두다. 우리나라 문맹률은 1% 이하이지만, OECD 조사에 따르면 단어와 문장의 뜻을 정확히 파악하지 못하는 실질 문맹률은 75%에 달하는 걸로 나타났다. 인공지능이 얼마나 대단한 걸 만들어 낼지는 모르나 그것이 믿을만한 정보인지 가려내는 '문해력'이야말로 앞으로 더 중요할 수밖에 없다.

책 제대로 읽는 법

5장

제대로

읽으면 세상이 보인다

쓰기의
효과

직접 자신이 선택한 단어로 적어둔 것은 기억
할 확률이 훨씬 높아진다는 연구 결과가 있다.
사람들이 말하거나 쓸 때 여러 단어를 연달아
활발히 생성하면 읽을 때보다 뇌의 더 많은 부
분이 활성화한다. 이를 생성효과Generation Effect
라고 부른다. 무엇인가 글로 적는 일은 몸으로
하는 춤 연습이나, 농구공을 던지는 연습 동작
처럼 머릿속 생각 근육 운동과 같다. 때문에 글
을 쓰면 머릿속에 훨씬 오래 남는다.

또한 글을 쓰면서 이전에 없던 새로운 지식이

만들어진다. 단어를 하나씩 써 내려가면 내면에서는 연상 작용이 일어나고 새로운 아이디어가 생겨나기도 하며, 이 모든 것이 걷잡을 수 없이 쏟아져 종이 위 혹은 기기 화면을 글로 가득 채울 수 있다. 일종의 몰입이다. '플로flow'라는 말을 들어본 적이 있는가? '플로'란 다른 말로 '존zone'이라고도 불리는데 심리학자 미하이 칙센트미하이가 제창한 개념이다. 칙센트미하이는 저서『몰입의 즐거움』에서 플로를 이렇게 정의한다. '하나의 활동에 깊이 집중해 다른 그 무엇도 문제가 되지 않는 상태, 경험 그 자체가 너무나 즐거워 그것을 하기 위해 많은 시간이나 노력을 들이는 상태.' 쉽게 말해 '절대적인 집중 상태'라 할 수 있을 것이다.

이런 몰입의 상태가 되면 시간 가는 줄 모르고 뭔가를 하다가 정신을 차려보니 굉장한 결과가 탄생하기도 한다. 스포츠 선수가 적당한 긴장감을 느끼며 즐겁게 플레이했는데 평소보다 더 뛰어난 성적이나 기록을 낸 상태를 예로 들 수 있다. 하나의 주제로 글을 쓸 때도 종종 이런 플로 상태를 경험한다. 플로 상태가 되면 머릿속에서 문장이 강물처럼 쏟아진다. 자신의 생각이 차례차례 문장으로 만들어지는 것이 즐거워지는 경이로운 경험이다. 문득 정신을 차렸을 땐 어느새 여러 페이지에 가득 써내려간 텍스트를 눈으로 확인하게 된다. 피곤하다는 생각도 없고 시간이 순식간에 가버렸으므로 힘들다는 생각도 들지 않는다. 게다가 말할 수 없이 즐거운 기분에 빠진 채! 그런 순간이 너무나 좋아서 '더 쓰고 싶다!'는 의욕마저 솟구친다. 한 가지를 깊이 생각한 이들에게 주어지는 선물이다.

생각을 글로 표현하면 건강과 웰빙에도 도움이 된다. 1990년대 가장 많이 인용된 심리학 논문 중 하나는 '감정이 얽힌 사건을 글로 써서 표현하면 사회·심리·신경 영역에 커다란 변화가 이루어진다'라는 것이다. 광범위하게 실시된 여러 연구에 따르면 자신의 내적 경험을 글로 쓴 사람은 병원을 찾는 일이 감소했고 면역 체계가 개선되었으며 육체의 고통도 감소했다고 한다. 감정에 관한 주제로 글을 쓴 학생들은 성적이 향상됐고 갑작스레 해고당한 전문직 종사자들은 새로운 직장을 더 빨리 찾았으며 직원들의 결근율도 낮아졌다. 이렇게 발견한 사실 중에서 가장 놀라운 점은, 이 과정에서 다른 사람들이 주는 인풋에 연연하지 않았다는 사실이다. 그들이 쓴 글을 다른 사람이 읽어보거나 반응을 보일 필요가 없었다. 그들은 글을 쓰는 행위 자체로 그러한 혜택들을 누릴 수 있었다.

인터넷과 스마트 기기, 최근에 등장한 챗GPT까지, 몇 단어만 입력하면 세상 모든 것이 검색 가능한 시대가 되었다. 인터넷의 매우 큰 특징 중 하나는 즉각적인 반응을 요구하고 분노를 유발하며 선정적인 콘텐츠가 쳇바퀴처럼 돌고 도는 것이다. 폭풍처럼 퍼붓는 인터넷 정보 세상에서 쓰기는 방패 역할을 한다. 일일이 대응할 필요가 없음을 알려주고 생각의 균형점을 찾게 도와준다. 특별한 기술이 필요 없고 기본적으로 당사자만 볼 수 있으며 언제 어디서나 할 수 있다. 일단 생각을 머리 밖으로 끄집어 내면 그 생각을 차분히 살피고 이것저것 시도해본 뒤 더 좋은 것으로 발전시킬 수 있다. 그것은 머릿속을 흘러가는 생각의 잠재력을 최대한 발휘하는 지름길과 같다.

응급의학과 남궁연 교수는 죽음에 질문을 던진다. 그의 글에는 '슬프다'라는 단어가 없다. 단지 상황만 묘사되어 있다. 매일같이 죽음의 능선을 오르락내리락하는 곳에서 남궁연 교수는 글을 쓴다. 인간이면 누구나 죽기 마련이다. 이 당연한 진실을 우리는 너무나 쉽게 부정한다.

『82년생 김지영』소설이 대히트를 칠 수 있었던 건 남자라면 당연시되는 우리나라의 말과 상황을 묘사했기 때문일지 모른다. 만약 김지영이라는 가상의 인물을 앞세워 가부장제 사회에서 살아가는 여성을 묘사하지 않았다면 대한민국에 사는 남성은 여성으로 살아가는 어려움을 죽을 때까지 느껴보지 못했을 것이다.

약자들이란 자기만의 언어를 갖지 못한 사람들이라고 은유 작가는 말한다. 작가는 세상 모든 것에 관심을 갖는 사람이라고 수전 손택은 말한다. 나는 이 말을 이렇게 해석한다. 원래부터 작가라서 세상에 관심을 갖는 게 아니라 세상에 관심을 갖는 사람이 작가라는 뜻으로. 그래서 작가가 되기는 쉬워도 작가로 살기는 어렵다. 엄밀하게 말하면 작가는 명사의 꼴을 한 동사다. 작가는 행하는 자, 느끼는 자, 쓰는 자이기 때문이다. 보고 듣고 느낀 것을 언어로 바꾸어 나누면서 세상과 접점을 시도하는 사람이 바로 작가다. 세상과 많이 부딪치고 아파하고 교감할수록 자신의 정서와 감각과 지혜가 많아지는 법이니까.

호기심을 회복하는
최고의 방법

"

　연구에 따르면 혁신적 사고를 하는 사람들은 어릴 때부터 "흥미를 좇아라" 격려하는 선생님, 부모님이나 멘토들에게 둘러싸여 성장한 경우가 많다고 한다. 통상적인 성취의 잣대를 들이대지 않은 것이다. 이 점은 대부분의 어린이가 겪는 경험과는 대조적이다.

　네 살 무렵까지 끊임없이 질문을 쏟아내던 아이도 여섯 살이 넘어갈 때쯤엔 질문이 급격하게 줄어든다. 아이들은 호기심보다 선생님의 질문에 정답을 말하는 것이 더 중요하다는 걸 벌써 파악하게 된다. 아마도 질문을 격려하기보다 지식을 전하는 데 중점을 둔 교육 시스템 때문이 아닐까?

호기심은 새로운 가능성을 발견하고 추구하게 만드는 내재된 메커니즘과도 같다. 흥미를 잡아끄는 것이 있을 때, 기대하지 못한 흥분에 휩싸일 때, 관심도 없던 일에 갑자기 끌리게 될 때 자신을 믿어라. 호기심은 행동을 이끌어내고 안내자 역할도 자처한다. 골목에서 본 신기한 가게에 들어가거나, 친구 책상에 놓여 있는 책을 보거나, 낯선 길을 따라 운전하는 것, 낯선 사람과 대화를 나누는 것, 위키백과에서 기사를 찾는 일 정도면 되는 것들이다.

호기심을 회복하려면 질문을 잘해야 한다. 질문은 양날의 검과 같아서 잘못된 질문을 하면 잘못된 답을 얻게 된다. 과연 잘할 수 있을까? 만약 그 일을 하면 사람들이 바보 같다고 생각하지 않을까? 이런 닫힌 질문이 아니라 열린 질문을 해야 한다.

왜 꼭 잘해야 하는가? 남들의 인정을 받을 수

있을까에 대한 걱정은 접어 두자. 자신의 만족과 성장이 바로 코앞에 있지 않은가! 성공하는 사람들을 한번 보라. 조금 특이하게 보이는 흥미와 취미를 가진 사람이 많다. 자기 삶을 풍요롭게 하기 위해서다. 그리고 바보처럼 보이면 좀 어떤가? 당신이 원하는 바로 그것을 하는 게 더 중요한 문제 아닌가?

호기심은 꺼지지 않는 연료다. 호기심이라는 단어를 들으면 어떤 생각이 드는가? 아마도 진부하고 어린이에게나 필요한 단어로 느껴져 흥미가 반감될지 모른다. 사람들은 삶의 많은 부분을 호기심에서 벗어나도록 종용받기 때문에 종종 그것에 대한 건강한 연결고리를 잃는다.

호기심에는 유통 기한이 없다. 호기심은 살아갈 에너지가 된다.

호기심을 회복하는 최고의 방법은 단연 글쓰기다. 시간과 공간의 제약 없이 쓰기만 하면 작품을 만들어낼 수 있기 때문이다. 글쓰기는 잃어버렸던 호기심을 회복하게 도와준다. 글을 쓰려면 소재를 발굴해야 하고, 소재를 발굴하려면 기억을 회상하거나 새로운 것을 관찰하거나 새로운 것을 경험해야 한다. 하지 않았던 일을 해야만 한다. 혹시 해보면 재미있을 것 같은 일들의 목록을 가지고 있는가? Wish list가 아닌 Now list를 말하는 것이다. 나중에 시간이 나면 해봐야지 하는 목록 말고 지금 당장 할 수 있는 일의 목록을 만들자. 예를 들면, 태극권 배우기, 나만의 수제 맥주 만들기, 피아노 연주하기, 명상 클래스 참석하기 등.

집과 일뿐인 단조로운 삶을 살았다면 이제는 나의 호기심을 되찾아줄 재미난 것들을 실천해보는 것은 어떨까? 의외로 새로운 것에 도전하는 것으로 잃어버렸던 꿈을 되찾을 수도 있을 테니까.

변화하는
문해력의 의미

"

원치 않아도 수많은 정보에 노출되는 세상이다. 무작위로 들어오는 정보들은 생각과 판단을 흐리게 한다. 생각을 너무 오래 해도 안 좋듯, 정보 과잉도 그렇다.

오디오, 비디오, 종이책, 전자책, 광고, 유튜브, 각종 SNS가 온통 섞인 하이퍼텍스트 세상에서 가장 중요한 것은 무엇일까? 바로 균형 있는 시각과 태도다.

읽기와 학습 분야의 최고 전문가로 손꼽히는 언어학자 나오미 배런은 『다시 어떻게 읽을 것인가』에서 현재 시대를 살아가는 데 무엇보다 중요한 것은 우리의 '마음가짐mindset'이라고 말한다. 그는 종이책이 학습의 만병통치약이 아니며 디지털 그 자체가 악당인 것도 아니라고 밝히며 주요 관건은 우리가 읽을 때 취하는 정신적 태도라고 말한다.

교육가들은 비판적 사고의 기술을 길러주는 것이 중요하다고 역설하지만, 동시에 그런 과제와는 상충할 때가 많은 읽기 매체인 디지털을 옹호하는 것이 문제라 지적한다. 디지털 기술은 온라인에서의 정보의 소재를 파악하고 사실을 확인하는 데는 잘 맞지만, 대체로 사색과 철저한 평가는 북돋우지 못하기 때문이다.

읽기 매체를 둘러싼 모든 논쟁은 결국 '읽기의 목적이 무엇인가'로 귀결된다. 읽기의 목적은 생각하는 인간을 만드는 데 있다. 학생들의 사고에 변화를 낳는 것이어야 한다. 초등학교부터 대학교에 이르기까지 교육은 늘 비판적 사고를 기르기 위한 것임을 내세우지만 명목상의 목적일 뿐이다. 정작 졸업생에 대한 평가를 보면 비판적 사고 능력은 점점 낮아지고 있는 것이 현실이다.

읽는 능력이 왜 중요할까? 현재와 미래의 삶이 그것에 달려 있기 때문이다. 인류가 지금의 문명과 문화를 이룰 수 있었던 건 '글'의 역할이 컸다. 우리는 늘 글로 소통하고 생각을 나누어 왔기 때문이다. 지금 우리 삶에 필요한 성찰도, 보다 나은 세상의 구상도 읽기와 쓰기에 달렸다. 우리는 글을 통해 생각의 힘을 키우고 공감의 폭을 넓혀간 존재들이다. 여기에 비판적 사고의 깊이를 더할 수도 있다. 이보다 더 중요한 삶의 기반이 어디 있을까?

이제는 '읽는 방식'이 다양해졌다. 문해력도 더 이상 글을 읽고 이해하는 것만을 의미하지 않는다. 종이책과 디지털 매체, 양쪽 모두 잘 활용할 수 있는 능력이 필요하다. 충분한 대비 없이 학교가 급속한 디지털화를 추진하는 것은 문제다. 사고가 얕아지는 '읽기 피상화' 현상은 물론 정보를 무비판적으로 수용할 위험이 크기 때문이다. 이는 사회 전반의 문제로 확장될 수 있다. 그러지 않기 위해서는 우리가 '의식적으로' 노력해야 한다. 집중력을 높이고 내용을 적극적으로 소화할 수 있도록 다양한 방법을 시도해야 한다. 소설과 같은 장문 텍스트를 지속적으로 접하는 것도 필요하다. 텍스트보다 오디오와 동영상의 비중이 커지고 있는 것이 현실이다. 피할 수 없다면, 목적을 유념해 적절한 선택으로 활용해야 한다. 특히 어린 아이에게는 연령대와 상황에 맞춘 지도가 필요하다. 이 모든 것의 이유는 결국 우리는 '읽는' 인간이기 때문이다. 생각, 공감, 소통과 같은 우리 삶의 중요한 활동을 위해서는 읽는 능력이 무엇보다도 중요하니까.

지식이 늘어난다고 해서 반드시 지혜가 늘어나는 것은 아니며, 실제로 지식이 늘면 오히려 덜 지혜로워질 수도 있다. 롤랑 바르트의 말마따나 지식의 무지에 빠진 것이다. 지식의 결여가 아니라 지식의 포화상태로 인해 미지의 것을 더 이상 받아들일 수 없는 무지의 상태가 된 것이다. 지식 늘리는 것만 추구하다 보면 앎이 지나칠 수도 있고, 잘못 알 수도 있다. 지식은 소유하는 것이고, 지혜는 실천하는 것이다. 지혜는 기술이며, 다른 기술과 마찬가지로 습득할 수 있다. 하지만 그러려면 노력이 필요하다. 지혜를 운으로 얻으려는 것은 바이올린을 운으로 배우려는 것과 마찬가지다.

생산력과 효율성이 으뜸인 시대지만, 생산성과 효율성만으로 가치를 판단하는 것 자체가 무가치한 일이다. 장자의 무용지용은 이런 것을 두고 하는 말 아닐까. 쓸모없어짐으로 자신의 쓸모를 드러내는 것. 쓸모없음이 가장 큰 쓸모이고 그곳이 문학 작품이 있어야 할 자리다. 독서의 묘미가 여기에 있다. 삶에서 잠시 벗어나 책을 읽는 시간을 갖는 것, 목적 있는 삶을 위해 시간을 희생하기보다 목적 없이 읽는 그 시간이야말로 진정 쓸모 있음을.

나만의 지식
데이터베이스

"

앞으로의 시대에서 가장 요구되는 능력은 편집력이다. 우리는 세상을 있는 그대로 보지 않고 누군가에 의해 편집된 세상을 본다. 뉴스도, 유튜브도, 사진도, 글도 모두 편집을 거친 것들이기 때문이다.

세상에 더 이상 새로운 것은 없다. 편집으로 새롭게 탄생한 것만 있을 뿐이다. 새롭게 탄생한 것은 기존의 것을 남다르게 해석하거나 연결한 상호작용의 결과로 재탄생한 것이다. T.S. 엘리엇은 이런 말을 했다. "어설픈 시인은 흉내 내고 노련한 시인은 훔친다. 형편없는 시인은 훔쳐 온 것을 훼손하지만 훌륭한 시인은 그것들로 훨씬 더 멋진 작품을, 적어도 전혀 다른 작품을 만든다. 훌륭한 시인은 훔쳐 온 것들을 결합해서 완전히 독창적인 느낌을 창조하고 애초에 그가 어떤 것을 훔쳤는지도 모르게 다른 작품으로 탄생시킨다."

편집이라 하면 자르고 붙이는 것만을 의미하진 않는다. 서로 연관성이 없는 새로운 정보를 연결하기도 하고 순서를 뒤바꾸어 역발상을 하기도 한다. 이런 과정에서 기존과 비슷하지만 낯선 새로운 것들이 탄생한다.

스티브 잡스의 남다른 편집으로 탄생한 아이폰이 대표적인 예다. 그는 2006년 아이폰을 공개하는 프레젠테이션에서 마치 3가지의 제품을 개발한 것처럼 이야기를 시작했다. 폰, 인터넷 커뮤니케이터, 아이팟. 그런데 3가지의 신제품이 아니라 3가지를 결합한 하나의 제품을 선보였다. 바로 아이폰이다. 기존의 제품을 연결해 새롭게 편집된 제품의 탄생에 사람들은 열광했다.

　문화심리학자 김정운 교수가 쓴 『에디톨로지』에는 독일 유학 시절의 이야기가 나온다. 김정운 교수는 독일 학생들의 공부하는 모습을 지켜보며 아주 특이한 모습을 발견했다. 한국 학생은 노트를 쓰고 독일 학생은 카드를 쓴다는 것이다. 독일 학생들은 공부한 내용을 대부분 작은 카드에 정리하고 있었고 학교 앞 노점상들도 다양한 크기의 카드를 팔고 있었다. 나무, 가죽, 플라스틱 등 모양과 종류도 참 다양한 모양의 상자까지 팔고 있어 놀라움을 금치 못했다고 한다.

　독일 학생들의 책상 위에는 자신이 공부하며 요약한 카드와 그 카드를 정리하는 카드 박스가 꼭 놓여 있었다. 반면 한국 유학생인 김정운 교수는 자신의 습관대로 노트를 썼다. 그러다가 한국식 학습 방법의 문제가 그 노트에 있었음을 발견했다. 노트와 카드, 이 둘 사이에는 아주 결정적인 차이가 있었다. 바로 편집 가능성 editability이다. 카드는 자기 필요에 따라 다양한 편집이 가능한 반면, 노트는 편집이 불가능하다. 김정운 교수는 독일 학생들에게서 편집 가능성을 배운 것이다. 예를 들면 독일 학생들은 프로이트의 책을 읽으면 자신이 중요하게 여기는 내용을 카드에 정리한다. 카드 맨 위에는 키워드를 적고, 그 밑에는 그것과 연관된 개념, 요즘 식으로 '연관 검색어'를 적고, 출처와 날짜 등을 차례로 적는다. 그리고 카드의 앞·뒷장에 그 내용을 빼곡히 요약한다. 이렇게 모인 카드는 주로 알파벳순으로 정리한다. 쓰려는 논문의 순서에 따라 정리하기도 한다. 이 같은 카드 정리는 노트 필기에 비하면 상당히 번잡스럽다.

이렇게 하는 이유는 자신의 관점을 만들기 위해서다. 자신의 관점에 맞춰 지식을 재편집할 수 있기 때문에 카드를 쓰는 것이다. 우리나라 학생들이 독일 학생들에 비해 훨씬 더 많이 공부한다. 정리하고 외우는 양을 따지면, 우리나라 학생들에게 상대도 안 된다. 독일 역사, 유럽

문화 전반에 관해서도 한국 학생들이 훨씬 더 많이 안다. 그러나 한국 학생들이 따라갈 수 없는 결정적 차이가 있었다. 바로 자기 생각이다. 독일 학생들은 모은 카드를 자신의 생각에 따라 다시 편집한다. 예를 들어 '발달'이라는 개념과 관련된 프로이트, 피아제, 비고츠키, 융의 이론을 자기 기준에 따라 다시 정리한다. 이때 정리는 그저 알파벳순으로 하는 것이 아니라 자신이 설정한 '내적 일관성'을 가지고 카드를 편집하는 것이다. 이렇게 편집한 카드가 바로 자신의 이론이 된다. 반면 우리나라 학생들은 엄청난 양의 노트를 보며 달달 외운다. 자신의 목록을 별도로 만들 방법이 없다. 노트를 일일이 뜯어내지 않는 한, 노트를 재구성할 방법이 없기 때문이다. 그저 남의 이론을 익히고 외울 뿐이다. 그러나 독일 학생들은 달랐다. 독일 학생들은 자신이 정리한 카드 목록을 재구성하면서 자신만의 이론을 만든다.

여기서 헷갈리지 말아야 할 중요한 사실은 카

드 편집을 통해 새로운 이론 구성이 가능하려면 편집할 수 있는 카드가 많아야 한다는 것이다. 고작 카드 몇 장을 뒤섞어봐야 거기서 거기다. 결국 남의 이론을 많이, 그리고 열심히 공부해야 하는 이유가 편집할 수 있는 카드를 많이 만들기 위해서다. '실력이 있다'는 것은 편집할 수 있는 자료가 많다는 뜻이기도 하다. 이렇게 카드로 축적된, 편집 가능한 자료는 자신만의 데이터베이스database가 된다. 오늘날에는 데이터베이스 만들기가 너무 쉬워졌다. 예전에는 일일이 책을 읽으며 옮겨 적어야 했지만 이제는 그저 검색하고 'Ctrl + C' 'Ctrl + V' 하면 된다. 이제 실력은 '잘 찾아내는 것know-where'에 있다. '검색'이 곧 실력이라는 뜻이다.

독일 사람들이 카드에 메모하는 것은 생각의 재배열을 위함도 있지만 이런 과정을 통해 자기만의 관점을 만들기 위함도 있다. 자신의 글을 쓸 때 데이터베이스가 필요하기 때문이다. 자신의 데이터베이스를 재배열하고 편집할 수 있어야 결국 글도 쓸 수 있게 된다. 어떤 글도 어떤 책도 혼자 쓰지 못한다. 모든 책의 저자들이 그러했든 다른 책들로부터 영향을 받아서 쓰기 때문이다. 책이란 물성이 그렇다. 뒤죽박죽 섞인 정보를 저자만의 논리에 맞추어 치밀하게 짜인 구조로 작성된 것이 책이기에 우리는 책을 읽으면서 저자의 주장에 설득된다. 뒤얽힌 사실을 풀어 이해하기 쉽게 만들고 최대한 활용할 수 있는 방법을 제시하는 한 권의 책에는 저자가 다른 여러 책에서 인용한 글, 영향을 받은 글이 들어있다. 이런 글들이 서로 연결되면서 저자의 새로운 관점이 탄생하는 것이다.

유튜브도 그렇다. 같은 정보라도 편집을 어떻게 하느냐에 따라 다르게 읽힌다. 유튜버들이 콘텐츠를 만들면 누가 편집하느냐에 따라 똑같은 콘텐츠라도 전혀 다른 내용이 탄생한다. 100명의 유튜버가 하나의 주제로 이야기하면 100개의 서로 다른 콘텐츠가 탄생하는 것과 같은 이치다. 편집자의 의도에 따라 어떤 콘텐츠는 악의적으로 탄생하기도 하는 것이다. 목적이 정보의 왜곡에 있는 잘못된 대표적인 예가 바로 가짜 뉴스다. 그걸 본 사람들의 시선 또한 왜곡되고 진실의 눈을 가린다. 글도 영화도 유튜브도 배열에 따라서 다르게 읽히는 건 매한가지다.

이런 상황을 반영이나 한 듯 요즘 큐레이션 미디어가 인기다. 대표적 예가 '카카오뷰'다. 기존 정보를 큐레이션 해 공유해도 보상을 주겠다는 취지를 반영해 탄생했다. '롱블랙'이란 큐레이션 서비스도 있다. 매일 발행하는 하나의 콘텐츠가 24시간 안에 안 읽으면 사라지는 구독 서비스다. 롱블랙은 더 이상 기술이나 지식만으로 앞서갈 수 없으니 리딩 메이트가 선별해 감각을 일깨우는 콘텐츠를 꼭 읽을 수 있도록 도와주는 취지로 탄생했다. 일주일 간 읽고 보는 것들 중에서 괜찮은 것을 골라 주말에 뉴스레터로 공유하는 썸원의 SUMMARY&EDIT 서비스도 마찬가지다.

하루에도 무수히 많은 정보가 쏟아지는 정보 공해 시대다. "정보가 부족해서 못하겠다"라는 말은 이미 오래전 이야기가 되었다. 이제는 정보가 너무 많아 어떤 것을 선택해야 할지 몰라서 못 하는 시대다. 너무 많은 정보가 쏟아지니 무엇이 옳고 그른지, 무엇이 진실인지 판별할 수 없는 지경이다. 그래서 다가오는 미래에 가장 중요하게 요구되는 능력은 편집력이다. 여러분에겐 여러분만의 생각이 있는가? 당신만의 관점을 가지고 있는가? 당신만의 남다른 해석력은 어떻게 만들 수 있을까?

무작정 많은 양의 정보를 소비한다고 내 것이 되지 않는다. 만약 소비하는 대로 내 것이 되었다면 이미 당신 삶은 변하고도 남았을 것이다. 많은 정보를 읽고 접하려는 욕심보다 텍스트의 파악과 의미재구성에 초점을 맞춰야 한다. 그러기 위해선 내적 변화를 일으킬 수 있는 '사유'라는 과정이 들어가야 한다. '사유'라는 필터를 거쳐야 진짜 읽기가 되고 나만의 데이터베이스가 만들어진다. 책을 읽을 때도 마찬가지다. 사유가 빠진 독서는 글자 읽기에 불과하다. 읽기 과정의 일부인 사유로부터 얻은 깨달음을 삶에 적용할 때 독서가 완성되는 것이다. 텍스트가 삶에 화학작용을 일으키는 일, 그게 진짜 '책 좀 읽었다'는 진짜 의미다.

지금부터 당신이 해야 할 일은 자신의 이야기를 쓰는 것이다. 이 세상에 단 하나뿐인 당신이라는 사람책을. 진짜 독서는 책을 덮는 순간부터 시작된다. 지금이 바로 그 순간이다.

자신이 선택한 단어로 적으면 기억할 확률이 높아진다. 또한 글을 쓰면서 이전에 없던 새로운 지식이 만들어진다. 쓰기는 '몰입' 상태가 되어 시간 가는 줄 모르게 한다. 쓰기는 건강에도 도움이 된다. 쓰기를 통해 마음이 치유되기도 한다.

책을 제대로 읽는 사람은 당연한 것에 의문을 제기한다. 약자는 자기만의 언어를 갖지 못한 이들이다. 약자가 되지 않으려면 쓰기를 통해 자기만의 언어를 가져야 한다.

쓰기는 잃어버렸던 호기심을 회복하게 한다. 호기심은 새로운 가능성을 발견하게 하고 추구하게 한다. 호기심을 회복하는 최고의 방법은 글쓰기다.

이제는 '읽는 방식'이 다양해졌다. 글을 읽고 이해하는 것만이 아니라, 종이책과 전자책 모두를 잘 활용할 수 있는 능력이 필요하다.

앞으로 가장 요구되는 능력은 편집력이다. 많은 정보를 읽고 접하려는 욕심보다 텍스트의 파악과 의미재구성에 초점을 맞춰야 한다. 그러기 위해선 내적 변화를 일으킬 수 있는 '사유'라는 과정이 반드시 들어가야 한다.

글쓰기에 유용한
100개의 질문

1. 아이엠그라운드 자기 소개하기, 당신은 어떤 사람인가요? 당신이 궁금합니다.

2. "나한테는 이렇게 해줘. 그래야 내가 좋아하니까." '나 사용 설명서'를 작성해 보세요.

3. 10년 후 당신은 어떤 모습이 되고 싶은가요?

4. 오직 나를 위해 하루 1억을 써야 한다면 당신은 어떻게 쓸 예정인가요?

5. 한때 나의 전부였던 사람이 있었나요? 지금 그 사람을 다시 만난다면 무슨 말을 하고 싶으신가요?

6. 당신에게 초능력이 한 가지 생긴다면 어떤 능력을 갖고 싶은가요?

7. 당신의 리즈 시절은 언제였나요? 그 모습은 어땠나요?

8. 당신은 어떤 것을 할 때 가장 나답다고 느끼시나요?

9. 지금 새롭게 배우고 있는 것이 있나요? 만약 없다면 요즘 주로 무엇에 시간을 쓰고 있나요?

10. 사랑하는 사람에게 보내는 편지! 지금 사랑하는 대상에게 편지 한 통을 써보세요.

11. 당신만의 루틴을 가지고 있나요? 나만의 루틴을 써보세요.

12. 나만 알고 있는 건강 비결이 있나요? 나만의 건강 비결을 써보세요.

13. 술, 술, 술. 술에 대한 나만의 철학이 있나요?

14. 당신의 고향은 어디인가요? 예전 살던 곳의 추억이 있다면 적어보세요.

15. 여행한 곳 중 가장 멋진 곳은 어디였는지 소개해 주세요.

16. 오늘 밤 둥근 달을 본다면 당신은 무슨 소원을 빌고 싶나요?

17. 인생의 좌우명이 있나요? 없다면 오늘 하나 만들어 보는 건 어떨까요?

18. 당신은 무엇을 위해 살고 있나요? 누구를 위해 살고 있다고 생각하시나요?

19. 사람을 보는 나만의 기준이 있나요? 당신은 어떤 기준으로 사람을 만나고 있나요?

20. 당신에게 돈은 어떤 존재인가요?

21. 올해 반드시 이루고 싶은 목표 한 가지가 있다면 무엇인가요?

22. 올해 이루고 싶은 목표를 달성하기 위해 현재 무엇을 하고 있나요?

23. 살면서 가장 잘한 일 한 가지가 있다면 무엇인가요?

24. 당신이 생각하는 가장 근사한 하루는 어떤 모습인가요?

25. 당신의 마음은 안녕한가요? 마음을 돌보는 나만의 비결이 있다면 소개해 주세요.

26. 최근 인상 깊게 봤던 드라마 혹은 영화, 책이 있다면 소개해 주세요.

27. 주민등록증 받던 날 기억나나요? 아니면 성인식 하던 날의 추억을 기억하나요?

28. 도시락은 언제 어디서 먹어야 제일 맛있을까요?

29. 첫 용돈, 첫 월급 언제 받았나요? 그리고 무엇을 했나요?

30. 부정적인 생각이 들면 어떻게 하시나요? 나만의 해결 방법이 있나요?

31. 무작정 계획 없이 떠나본 경험이 있나요? 없다면 계획을 만들어볼까요?

32. 나를 망설이게 하고 방해하는 건 나 자신이라고 생각해본 적 있나요?

33. 나를 위해 셀프 선물을 했던 적 있나요? 그 선물은 무엇인가요?

34. 시험을 망쳐본 경험 있죠? 그 경험이 궁금합니다.

35. 첫 해외여행은 어디였나요? 아직 없다면 가보고 싶은 곳은 어디인가요?

36. 다녀본 학원은 몇 군데인가요? 그만둔 학원은 몇 군데인

가요?

37. 나를 위해 통 큰 사치를 부려본 적 있나요? 그 이야길 들려주세요.

38. 한 글자도 쓰기 힘든 날, 글을 쓸 수 없을 정도로 힘겨운 날은 언제였나요?

39. 당신은 꾸준한 사람인가요? 작심삼일만 반복하는 사람인가요? 꾸준한 사람이 돼보려고 이것까지 해봤다 하는 것이 있나요? 당신의 이야기를 들려주세요.

40. 포기하고 싶은 순간을 어떻게 버티고 있나요? 나만의 버티기 전략이 있나요?

41. 살면서 포기한 것들은 어떤 것들이 있나요?

42. 남들보다 잘하는 특기가 있다면 무엇인지 소개해 주세요.

43. 당신의 장점은 무엇인가요?

44. 당신의 단점은 무엇인가요?

45. 해야지 해야지 생각만 하고 미루고 있는 것이 있나요? 무엇인가요?

46. 글을 쉽게 시작하는 당신만의 노하우가 있다면 알려주세요.

47. 무언가 시작하려고 하면 주위 사람들은 어떤 말을 주로 하나요?

48. 책을 깨끗하게 보는 편이신가요? 낙서하며 읽는 편인가요? 책을 읽고 메모해 보셨나요?

49. 오늘 당신이 남들과 나눈 것, 공유한 것이 있다면 무엇인

가요?

50. 아침에 일어나서 1시간 동안 당신은 무엇을 하고 있나요?

51. 1년 이상 지속하고 있는 취미가 있나요? 없으면 갖고 싶은 취미에 대해 써주세요.

52. 오늘 본 동영상에 대해 5분 동안 짧은 감상평을 적어보세요.

53. 글쓰기는 몸으로 하는 운동과 같다는 생각에 동의하시나요?

54. 길을 아는 것과 길을 걷는 것은 다르다는 경험 해본 적 있나요?

55. 글을 쓰다가 막힐 때는 어떻게 하나요?

56. 자신의 감정에 솔직한 편인가요? 아니면 감정을 감추는 편인가요?

57. 내가 가진 모든 것이 나를 행복하게 하나요?

58. 당신은 인생의 주인으로 살고 있나요? 아니면 노예로 살고 있나요?

59. 당신은 당신 자신을 사랑하나요? 아니면 미워하나요?

60. 당신은 왜 글을 쓰고 있나요? 유명해지고 싶어서? 나를 찾고 싶어서? 힘든 글쓰기를 계속하는 이유가 무엇인가요?

61. 여태 글을 쓰면서 영감과 뮤즈가 찾아온 적 있었나요? 어떤 영감이었나요?

62. 당신의 멘토에 대해 알려주세요. 없다면 어떤 멘토를 만나고 싶은가요?

63. 유튜버를 시도해 본 적 있나요? 없다면 유튜버에 대해 어떻게 생각하세요.

64. 부모님이 좋아하는 음식은 무엇인가요? 아직 모른다면 물어보고 알려주세요.

65. 번지 점프처럼 두렵고 힘든 일 한 가지에 대해 써보세요.

66. 돈 이야기를 잘하는 편인가요? 아니면 돈 이야기를 들으면 자괴감이 드는 쪽인가요?

67. 헤어지고 싶지만 헤어지지 못하는 나쁜 습관이 있으면 알려주세요.

68. 1년 전과 지금을 비교했을 때 당신의 삶을 잘 흘러가고 있나요?

69. 노후 준비 어떻게 하고 있나요?

70. 집중이 잘되는 나만의 공간, 나만의 장소가 있다면 소개해 주세요.

71. 살면서 연락을 차단한 사람에 대해 써보세요.

72. 남들과 비교를 자주 하나요? 비교의 늪에 빠지지 않기 위한 전략이 있다면 알려주세요.

73. 남들 앞에 서 본 경험이 있나요? 떨림은 어느 정도였나요? 그때 경험담을 들려주세요.

74. 작고 초라한 내가 될 때 하는 일이 있다면 알려주세요.

75. 기억에서 지우고 싶은 민망한 순간이 있다면 적어보세요.

76. 당신은 다른 사람의 말을 잘 듣는 편인가요?

77. 투자 실패담, 인생 실패담을 들려주세요.

78. 당신에게 잔소리하는 사람이 있나요? 오늘 들은 잔소리는 무엇인가요?

79. 잔소리하게 만든 원인은 무엇이라 생각하나요?

80. 잊을만하면 추억 소환하는 페이스북 때문에 당황한 경험이 있나요?

81. 마음의 날씨가 변덕스럽게 바뀌는 날은 어떤 모습인가요?

82. 하지 못한 말 때문에 후회했던 적 있나요?

83. 당신은 시간에 인색한 사람인가요? 남는 시간에 주로 무엇을 하나요?

84. 좋다는 건 알지만 꾸준히 하기 힘든 일이 있다면 알려주세요.

85. 당신은 중산층인가요? 당신이 생각하는 중산층의 기준은 무엇인가요?

86. 당신은 걱정을 많이 하는 편인가요? 쓸데없는 걱정으로 시간을 허비했는데 막상 아무 일도 일어나지 않았던 경험 있으시죠? 그 이야기를 들려주세요.

87. 당신은 의지력이 강한 사람인가요? 약한 사람인가요?

88. 어떤 말을 들었을 때 자존감이 떨어지나요? 당신만의 자존감을 회복하는 방법이 있다면?

89. 말하고 후회했던 경험에 대해 적어보세요.

90. 무례한 사람에게 대처하는 나만의 방법에 대해 적어보세요.

91. 당신은 뒷담화를 자주 하는 편인가요? 뒷담화에 대한 당신의 생각을 적어보세요.

92. 당신은 비밀을 잘 지키는 편인가요?

93. 최근 혹해서 구입한 물건이 있다면 무엇인가요?

94. 집중력과 생산성을 올리는 자신만의 노하우가 있나요?

95. 오늘 하루는 어땠나요?

96. 당신만의 스트레스 해소법이 궁금합니다. 스트레스를 받으면 어떻게 푸시나요?

97. 자신의 욕망을 이롭게 사용하는 당신만의 방법이 있다면 알려주세요.

98. 나만 알고 싶은 숨겨놓은 맛집이 있다면 알려주세요.

99. 기억에 남는 선생님, 은사, 친구가 있다면 적어보세요.

100. 100일간 글을 쓰며 느낀 점을 적어보세요.

 에필로그

오늘부터
시작하라

누구나 길을 안다. 하지만 소수만이 그 길을 걷는다. -달마

읽기와 쓰기는 분리해서 생각할 수 없다. 둘은 하나이다. 혹은 왕성한 책읽기는 글쓰기의 최소 원칙이다. 독서는 자연스럽게 우리를 글쓰기의 세계로 이끈다. "작가 지망생은 대부분 책벌레다. 게다가 그 가운데 상당수가 책과 도서관이라면 사족을 못 쓴다." 대부분의 작가들은 작가 이전에 왕성한 책읽기를 하는 사람들이었다. 그들을 독서가로 만든 것은 독서를 통해 얻은 '황홀한 감흥'이

다. 그들을 책 읽는 사람에서 작가로 탈바꿈시킨
것도 책읽기를 통해 얻었던 바로 그 '황홀한 감흥'
이다.

(장석주, 『글쓰기는 스타일이다』, 중앙북스, 2015)

문필가 장석주는 버스비를 아껴 중고책을 사
서 읽을 만큼 책을 좋아하던 사람이었습니다. 혹
시 여러분도 책을 읽는 이유가 '황홀한 감흥'때문
인가요? 아니면 그냥 좋다니까 의무적으로 읽고
계신가요? 장석주처럼 밤을 샐 만큼은 아니더라
도 책을 읽으면서 텍스트에 감흥하고 온몸이 찌
릿하는 경험을 해보고 싶지 않으신가요?

만약 그렇다면 오늘부터 쓰려고 읽어보세요.
단지 순서만 바꿨을 뿐인데, 목적을 가지고 읽
는 단순한 행위가 변화를 가져올 것입니다. 쓰
기라는 문제가 여태 읽기만 해서는 알지 못했던
텍스트에 몰입하는 경험을 가져오고 나만의 생
각을 떠올리게 만들어줄 것입니다. 무분별하게
나를 재단하듯 내가 잘못 살고 있다고 말하는

콘텐츠가 넘쳐나는 세상에 두 발로 단단히 바로 서게 해 줄 것이며, 나라는 존재의 확장을 도와줄 것이며, 여태 알지 못했던 또 다른 나를 발견하게 해줄 것입니다.

연일 뉴스에서 예상치 못한 사건 사고가 넘칩니다. 바야흐로 자고 나면 새로운 일이 터지는 재난 시대가 되었습니다. 세계를 지배하는 원리가 바뀌지 않는 한 재난의 일상화는 예고된 일처럼 보입니다. 돌이켜 보면 사회의 불의와 참상이 극에 달할 때 인간은 글을 쓰며 존엄을 지켰고 최고의 작품을 낳았습니다.

평범한 제 인생도 그랬습니다. 제 삶은 글에 빚졌습니다. 예고 없는 고통의 시간대를 글을 붙들고 통과했습니다. 크게 욕망한 것 없고 가진 것 없어도 쓰려고 읽은 덕분에 내가 나로 사는 데 부족함이 없었던 것 같습니다. 어느 글쓰기 수업에서 학인은 지독히도 삶에 휘둘렸던 자기 체험을 글로 정리하고 나서 이렇게 말했습니다. "글을 쓴다는 것은 고통에 품위를 부여해 주는 일이네요."라고. 그 말을 듣고 뭉클했습니다. 조지 오웰이 바랐던 "보통 사람들의 생래적 창조성과 품위가 발현되는 세상"을 글쓰기가 돕는다고 믿고 싶어졌습니다.

모두가 글을 쓰고 싶어 하지만 누구나 글을 쓰지는 못합니다. 인간을 부품화한 사회 현실에서 납작하게 눌린 개인은 글쓰기를 통한 존재의 펼침을 욕망합니다. 그러나 쓰는 일은 간단치 않습니다. 글을 써야지 하면서 안 쓰고 안 쓰고 안 쓰다 '글을 안 쓰는 사람'이 되어 수업에 왔다는 어느 학인의 자기소개가 귓전을 울리는 것 같습니다.

나에 대해서 가장 잘 말할 수 있는 사람은 오직 나 한 사람뿐입니다. 100일 글쓰기 질문에 하나씩 답을 찾아가면서 나라는 사람이 얼마나 다양한 모습을 가지고 있는지 발견해보세요. 어태 몇 개의 단어로 나라는 사람을 정의하진 않았나요? 세상의 정의에서 벗어나 나라는 사람이 풍성한 존재임을 증명하기 위해, 무엇보다 생각에서 자유롭기 위해 써보세요.

또한 쓰면서 내가 가진 문제들을 발견하고 그 문제의 실마리를 제공하는 책을 읽어보세요. 읽었으면 내가 이해한 바를 다시 글로 써보세요. 당신이 쓴 글을 읽고 어느 누군가는 도움을 얻을지 모릅니다. 단지 잊고 있을 뿐, 어릴 적 당신은 누구보다 창의적인 존재였을 것입니다. 세상의 편견에 얼룩진 나를 가두게 하지 말고 어릴 적 꿈꿨던 무한한 상상의 존재로 거듭나고 잃어버린 나를 찾기 위해 쓰려고 읽어보세요. 세상의 기준이 아닌, 나만의 기준을 만들기 위해, 남들의 평가가 아닌, 나 자신의 올바른 평가를 바로보기 위해서요. 세상의 소음에서 한 걸음 물러나 나만의 중립을 지키기 위해서요.

"언어는 존재의 집이다." 하이데거는 말했습니다. 언어는 삶의 크고 작은 문제를 직면하는 방식에 이루 말할 수 없이 큰 영향을 미칩니다. 내가 평소 쓰는 말이 내 삶을 그대로 반영한 것입니다. 내가 쓰는 언어의 총량이 곧 나의 삶이라고 말할 수 있습니다. 일상에서 놓쳤던, 잃어버렸던 언어를 다시 되찾기 위해, 무엇보다 내 인생을 구하기 위해 쓰고 읽어 봅시다. 내 세상을 바꿀 수 있는 이는 나 자신밖에 없으니까요.

책을 읽으면 좋다는 건 누구나 알지만, 실제 독서를 하는 사람은 소수입니다. 일을 할 때에도 미리 해놓으면 편하다는 것을 알지만 미루는 사람이 더 많습니다. 결국 성취와 성공을 좌우하는 핵심 요소는 '알기'가 아니라 '하기'입니다.

변화는, 처음에는 힘들고 중간에는 혼란스러우며 마지막에는 아름답습니다. 이제 당신이 할 일은 이 책을 덮고 자기만의 이야기를 써나가는 것입니다. 세상은 더 많은 영웅을 필요로 합니다. 당신 안에 영웅이 있는데 왜 영웅이 나타나기를 기다리고만 있나요? 오늘부터 시작해보세요. 쓰려고 읽는 사소한 변화 하나가 당신에게 새로운 지평을 열어줄 것입니다. 당신에게 온 세상이 도서관으로 다가오는 변화의 물결이 이어지길 응원하겠습니다.

다多 ,괜찮아 시리즈 01

엉뚱하고 자유로운 글쓰기도 괜찮아 8,800원

잘 쓰고 싶은데 왜 안 써질까?

"글쓰기로 개과천선"

사람들은 글쓰기를 잘하고 싶다면서
마치 특별한 글쓰기의 비결이라도 있는 줄로 착각한다.
글쓰기는 요령의 문제가 아니라 사실은 삶의 문제다.
글을 잘 쓸 수 있는 삶을 살아야 하는 것이다.
요령이 아니라 삶을 고민해야 한다.

다多, 괜찮아 시리즈

다多괜찮아, 시리즈 02

뻔하고 발랄한 에세이도 괜찮아 8,800원

읽을땐 쉽지만 쓸 땐 왜 어려울까?

"에세이로 환골탈태"

글쓰기는 모방만으로 완성되지 않는다.
글쓰기는 표현이고 창조다.
당신은 글 쓰는 로봇이 되고 싶은가,
아니면 글 쓰는 나 자신이 되고 싶은가?

, 괜찮아 시리즈 어떤 내용을 담고 있든 간에 '나만이 쓸 수 있는 글이라면 다, 괜찮다고, 말하고 싶습니다.
찮아 시리즈는 다양한 형태의 글쓰기를 환영합니다. 그것이 어떤 이야기이든, 당신만의 이야기라면 귀 기울여 듣겠습니다.

글
비행학교
시리즈

수학 공식 같은 글쓰기, 책 읽기 요령에서 벗어나 진솔하게 글을 읽고 쓰는 삶의 실천 가이드입니다. 나아가 우리 사회에 건강하고 개성 있는 콘텐츠가 계속 쌓일 것을 기대합니다. 읽을(read) 수 있다면, 쓸(write) 수 있다면 살(live) 수 있습니다.

엉뚱하고 자유로운 글쓰기도 괜찮아
글 비행학교 ①
가장 나다운 글이 가장 좋은 글이다
김무영 지음

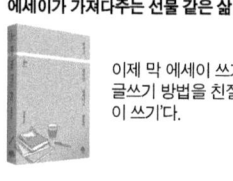

글쓰기 요령뿐이 아닌 글쓰기 본질까지 파고드는 책. 글을 쓰지 않는 시간에도 글쓰기를 준비하는 법, 글을 쓰는 목적과 이유, 주제와 소재, 글의 구성, 장르와 표현, 5가지 퇴고 방법 등 실제적인 글쓰기 기술과 함께 글쓰기가 가진 입체적인 모습과 매력을 이야기한다.

뻔하고 발랄한 에세이도 괜찮아
글 비행학교 ②
에세이가 가져다주는 선물 같은 삶
김무영 지음

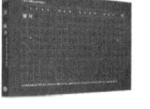

이제 막 에세이 쓰기를 시작하는 사람을 위한 실전 워크북. 바쁜 사람들에게 좋은 글쓰기 방법을 친절하게 제안한다. 글을 쓰며 자기를 이해하는 방법이 바로 '에세이 쓰기'다.

더 생각
글 비행학교 ③
200자 원고지로 또박또박 글쓰기
김무영 지음

200자 원고지의 빈칸을 스스로 채워나가는 책. 제목을 직접 붙이고 그 밑에 나의 이름 또는 글쓰기를 권하고 싶은 사람의 이름을 적을 수 있다. 원고지 안에서 글과 여백이 어우러지는 기쁨을 줄 것이다.

북큐레이션
글 비행학교 ④
책과 사람을 연결하는 힘
김미정 지음

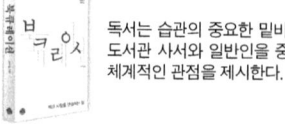

독서는 습관의 중요한 밑바탕이며 독자 없는 마케팅은 의미가 없다고 역설한다. 도서관 사서와 일반인을 중심으로 진행한 북큐레이션 강의 내용과 함께 하나의 체계적인 관점을 제시한다.

왜 읽었는데 기억나지 않을까
글 비행학교 ⑤
생각을 편집하는 독서노트
남낙현 지음

'책을 읽고 덮으면 기억이 바람처럼 날아간다' 누구나 한 번쯤은 고민해본 적이 있을 것이다. 이 책을 통해 독서노트를 작성하고 서로 다른 주제의 노트가 연결되어 새로운 글이 탄생하는 것을 체험할 수 있다. 독자, 저자, 자신의 관점으로 이어지는 독서노트는 책을 읽은 뒤의 감상에서 멈추지 않고 자신만의 개성과 취향을 담은 글쓰기의 세계로 안내한다.